Einfach investieren mit Indexfonds und ETFs

Erfolgreicher Vermögensaufbau und private Altersvorsorge durch passive Geldanlage

Thomas Dahlmann

Impressum

Urheber: Thomas Dahlmann
1. Auflage, 02.05.2017
ISBN-13: 978-1546443124
ISBN-10: 1546443126
Thomas Dahlmann
Inselstraße 12
23999 Insel Poel / OT Malchow
Email: tvh@netgarage.org
Umschlaggestaltung: Thomas Dahlmann

Inhaltsverzeichnis

1 Zum Buch

„Wenn du kein aktiver Investor bist - und nur sehr wenige Menschen sollten das versuchen - dann solltest du Indexfonds kaufen. Und zwar Indexfonds mit niedrigen jährlichen Kosten. Und nicht alle auf einmal, sondern immer mal wieder." (Warren Buffet)

Dieses Buch zeigt Ihnen eine Möglichkeit wie Sie einfach investieren, erfolgreich Vermögen aufbauen oder privat für den Ruhestand vorsorgen. Es geht hier insbesondere um eine möglichst risikoarme und passive Geldanlage, konkret, um den erfolgreichen Vermögensaufbau oder die private Altersvorsorge mittels Indexfonds und ETFs.

Einfach investieren heißt hier, dass diese Geldanlagen nicht so schwer zu handhaben sind wie manch einer glaubt. Viele Menschen haben gegenüber Börsen-Investments Vorbehalte, insbesondere dass diese kompliziert und nur was für Profis sind. Die im Buch vorgestellte Strategie der passiven Kapitalanlage ist jedoch für jedermann, auch ohne umfassende Finanzausbildung, umsetzbar.

Wichtig zu wissen für die hier vorgestellten Anlagen ist, dass der Anlagehorizont, also der Zeitraum der Investments, mittel- bis langfristig ist, also mindestens 3–5 Jahre, oftmals aber auch weit darüber hinaus.

Für diese Art des Investments ist es nicht erforderlich, sich laufend mit den Börsennachrichten oder der Auswahl von Aktien zu befassen, sondern Sie investieren einmalig oder regelmäßig in verschiedene Indexfonds und schaffen sich so ein Finanzpolster, an das Sie jedoch jederzeit herankommen.

Voraussetzung für diese Investments sind einige Grundkenntnisse der Börse und des Handelns an der Börse. Diese Kenntnisse finden Sie hier in diesem Buch.

Sie lernen, was ein Portfolio ist und wie Sie Ihr eigenes Portfolio aus verschiedenen Vermögenswerten zusammenstellen. Wie Risiko und Rendite zusammenhängen, was Indizes und Indexfonds sind und warum Sie nicht immer auf die Finanzindustrie hören sollten. Sie lernen, wie Sie mit einer einfachen Strategie eine bessere Rendite als ein Großteil der privaten und professionellen Anleger erreichen.

Kein Weg zum schnellen Reichtum, aber ein guter Weg, um solide und risikoarm Vermögen aufzubauen und privat für das Alter vorzusorgen.

2 Erfolgreicher Vermögensaufbau

Was bedeutet es, ein Vermögen aufzubauen und ab wann ist man vermögend? Dies sind sehr individuelle Werte, die jeder für sich selbst anhand seiner persönlichen finanziellen Situation realistisch einschätzen muss. Im Rahmen dieses Buches bedeutet Vermögensaufbau, dass Sie einmalig oder regelmäßig einen Geldbetrag zurücklegen. Wie hoch dieser ist, hängt von Ihrer persönlichen finanziellen Situation ab. Bereits ab 25 Euro im Monat können Sie beispielsweise mit einem Sparplan beginnen.

Das so angesparte Vermögen wird dann in entsprechende Kapitalanlagen an der Börse und Sparkonten angelegt, um sich zu vermehren und eine Rücklage für schlechte Zeiten zu bilden.

Bei dem Begriff Börse schrecken jedoch viele noch zurück.

Die Finanzkrise und regelmäßige schlechte Presse zum Thema Börse und Banken, verunsichern viele Menschen. Die Sorge, mit Börsen-Investments Geld zu verlieren, überwiegt häufig, und so sehen viele nicht die Chancen, die die Börse auch privaten Anlegern bietet.

Ebenfalls wird häufig übersehen, wie schlecht mögliche Alternativen sind. Es gibt kaum noch Zinsen für

Sparanlagen und die Inflation reduziert jährlich den Wert Ihres Vermögens.

Es gibt eine ganze Berufsgruppe, die davon lebt, Ihnen diverse Finanzprodukte zu verkaufen und in dem Sinne davon profitiert, dass das Image von dem komplexen Thema Börse und Investieren weiter aufrechterhalten bleibt. Je nachdem, mit welchem Vertreter dieser Berufsgruppe Sie gerade sprechen, werden Sie auch völlig andere Empfehlungen erhalten, da jeder natürlich auch in seinem eigenen Interesse handelt.

Die gute Nachricht ist, dass Investieren und erfolgreicher Vermögensaufbau nicht kompliziert sein müssen. Mit der im Buch vorgestellten Strategie haben Sie die Möglichkeit, Ihre Finanzen und den Vermögensaufbau selbst erfolgreich in die Hand zu nehmen.

Welche Renditen sind mit den hier vorgestellten Strategien bei moderatem Risiko realistisch? Erfahrungen zeigen, dass je nach Risiko zwischen 2% und 10% pro Jahr erreicht werden können, vor Abzug von Steuern.

Alle weiteren Rechnungen, wie viel Geld Sie benötigen, um von den Zinsen leben zu können, oder wie viel Geld Sie nach einer bestimmten Anzahl an Jahren ansparen können, sind zu individuell und es gibt dafür kostenlose Rechner im Internet.

Ein Richtwert ist jedoch, dass Sie mit ungefähr 600.000 Euro investiertem Kapital das durchschnittliche monatliche Nettoeinkommen in Deutschland von ungefähr 2.500 Euro an Zinsen erzielen können, und eine weitere interessante Zahl: Wenn Sie 100 Euro pro Monat über 30 Jahre bei einer Rendite von ungefähr 5% sparen, haben Sie unter Berücksichtigung der Transaktionsgebühren nach den 30 Jahren Ihr eingezahltes Geld ungefähr verdoppelt und ein Vermögen von ungefähr 70.000 Euro angespart. Diese Verdopplung über einen so langen Zeitraum ist realistisch und berücksichtigt auch eventuelle Krisen.

Kein Weg zum schnellen Reichtum aber mit dieser Rücklage werden Sie garantiert besser schlafen und haben in finanziell schwierigen Zeiten eine Absicherung.

3 Private Altersvorsorge

Die gesetzliche Rente gilt als unsicher und reicht für viele Durchschnittsverdiener, die später davon leben müssen, kaum aus. Einige Studien gehen von bis zu 40% der Bevölkerung von Deutschland aus, die später von Altersarmut betroffen sein könnten. Als Armutsgrenze gilt ein Einkommen von weniger als 60% des durchschnittlichen Gesamteinkommens. In den letzten Jahren lag dieser Wert ca. bei 1.000 Euro monatlich.

In Deutschland gibt es mit der Riester-Rente beispielsweise eine Alternative, die gefördert wird, und mittlerweile nutzen mehr als 15 Millionen Deutsche dieses Angebot. Das Hauptargument für eine Riesterrente ist oftmals die staatliche Förderung. Ein erheblicher Anteil dieser Förderung geht jedoch für Provisionen und Gebühren verloren. Diese Gebühren werden vom Versicherer als Kosten auf die ersten 5 Einzahlungsjahre aufgeteilt und haben somit erhebliche Auswirkungen auf den Zinseszinseffekt und Ihre Gesamtrendite.

In vielen Fällen müssen Sie auch mindestens 80-90 Jahre alt werden, um auch nur ohne Verlust aus dem Riester-Angebot herauszugehen. Für eine positive Rendite von ca. 1-2% wie sie die sicherste Kapitalanlage in Form von Staatsanleihen von Staaten mit Top-Bonität inflationsbereinigt und nach Berücksichtigung von Steuern ungefähr erreichen, müssten Sie schon über 100 Jahre alt werden. Wenn man die durchschnittliche Lebenserwartung berücksichtigt, ist die Riester-Rente für die meisten Menschen also ein Minus-Geschäft. Sie erhalten in der Regel nicht einmal die Beiträge heraus, die Sie über die Jahre einzahlen.

Dazu kommen noch sehr unflexible Vertragsbedingungen für die vorzeitige Rückzahlung, welche immer mit einem großen Minus verbunden ist, und viele weitere Nachteile. Wenn Sie beispielsweise frühzeitig sterben sollten und ein Überschuss bei der Versicherungsgesellschaft erwirtschaftet wird, behält die Versicherungsgesellschaft 25% der eingezahlten Beiträge völlig ohne Gegenleistung als Gewinn ein. Die Versicherungen rechnen dazu mit Lebenserwartungen die 10 Jahre und mehr über denen vom Statistischen Bundesamt liegen, womit die Chance auf weitere Provisionen natürlich erheblich ansteigt. Dazu sei noch gesagt, dass Sie die Riester-Rente natürlich auch nicht vererben können.

Für alle Riester-Versicherten die weniger als 2.000 Euro Brutto verdienen kommt noch dazu, dass diese auf die Grundsicherung im Alter, die jeder erhält, angerechnet wird. Sprich Sie erhalten gar nichts für das jahrelange Sparen.

Die Bedingungen für andere private Rentenprodukte oder die Rürup-Rente sehen leider ähnlich schlecht aus.

Passive Geldanlage – also mittel- oder langfristige Investments an der Börse in Indexfonds oder ETFs – bieten hier eine attraktive Alternative, privat für das

Alter vorzusorgen.

4 Grundlagen des Investierens

Bevor die praktischen Grundlagen des Investierens erläutert werden, folgen hier zunächst einige der grundlegenden Begriffe.

4.1 Die Börse

Die Börse funktioniert vergleichbar mit einem Wochenmarkt: Ort und Zeit sind bekannt und wer etwas kaufen möchte, der kommt vorbei. Die Preise stehen für alle deutlich sichtbar an der Ware. Käufer und Verkäufer müssen sich jetzt nur noch einigen und der Handel kann stattfinden. Nur dass an der Börse Finanzprodukte wie Aktien, ETFs oder Fonds gehandelt werden, der Handel heutzutage meist über das Internet erfolgt und Sie im Unterschied zum Wochenmarkt sowohl Käufer als auch Verkäufer sein können.

Der Begriff Börse leitet sich von einer belgischen Kaufmannsfamilie namens „van der Burse“ ab, deren Wappen drei Geldbeutel (lat. Bursa) zeigte und vor deren Haus im belgischen Brügge sich die Händler ab 1409 zum Feilschen trafen. Knapp 100 Jahre später wurde in Brügge erstmalig ein Haus nur für den Handel gebaut, welches auch den Namen Börse trug. 1540 folgten andere Städte wie Nürnberg und 1585 Frankfurt.

Es gibt heute nicht die eine Börse, es gibt viele von ihnen über fast alle Länder der Erde verteilt. Sie alle haben jedoch immer folgende Aufgaben: bestmöglicher Ausgleich von Angebot und Nachfrage, Bereitstellung von Schnittstellen und Handelsplattformen, Börsen sind von staatlichen Behörden (die BaFin in Deutschland) reguliert und sorgen für Transparenz im Handel, Bereitstellung von Informationen über Preise, Waren und Umsatz.

Der klassische Parketthandel, bei dem die Händler vor Ort sind, wurde mittlerweile weitestgehend durch das elektronische Handelssystem Xetra abgelöst. Da der Handel elektronisch abgewickelt wird, ist der Standort einer Börse nicht mehr so wichtig.

4.2 Die Wertpapierkennnummer (WKN) / International Securities Identification Number (ISIN)

Jedes an der deutschen Börse gehandelte Wertpapier wird mit einer eindeutigen Nummer versehen, der Wertpapierkennnummer (WKN). Dies ist eine 6-stellige Kombination aus Buchstaben und Zahlen, bei der jedoch die Buchstaben O und I aus Verwechslungsgründen nicht verwendet werden dürfen.

Wenn Sie also ein Wertpapier bei Ihrer Bank kaufen wollen, können Sie dort die entsprechende WKN angeben und somit eindeutig jedes Wertpapier identifizieren. Zusätzlich zur WKN gibt es noch die internationale Variante, die International Securities Identification Number (ISIN). Diese ist eine 12-stellige Zeichenkombination und weltweit gültig.

4.3 Was wird benötigt, um an der Börse zu handeln?

Alles, was Sie benötigen, ist ein Computer mit Internetzugang, ein Handelskonto bei einem Broker bzw. ein Depot bei einer Bank, etwas Zeit und Ihr Startkapital.

Der Zeitaufwand

In diesem Buch geht es um das Investieren mittels passiver Indexfonds und ETFs. Diese werden nicht umsonst passiv genannt, Sie selbst müssen und sollten fast nichts weiter tun, als einmalig Ihr Investment festlegen und abwarten. Ihr Zeitaufwand ist also verhältnismäßig gering. Mit einer einmaligen Zusammenstellung Ihres Portfolios können Sie sich zunächst für einige Monate oder gar Jahre ausruhen. Abwarten ist hier die beste Strategie, um langfristig Vermögen aufzubauen.

Das Startkapital

Sie können sich entweder für ein einmaliges oder für ein regelmäßiges Investment entscheiden. Abhängig von Ihren persönlichen finanziellen Möglichkeiten und Zielen beginnen Sie entweder beispielsweise mit 100 Euro monatlich oder aber mit 1.000 Euro Einmaleinzahlung.

Für Einsteiger an der Börse ist es empfehlenswert, zunächst einen Betrag zu nehmen, dessen Verlust sie nicht ruinieren wird. Mit diesem Betrag gehen sie dann alle im Buch erläuterten Schritte durch und stellen sich ihr erstes Portfolio zusammen. Wenn sie dann sicherer geworden sind, können sie den Betrag erhöhen.

Wenn Sie auf eine solide Altersvorsorge wertlegen, sollten Sie das Investieren auch daraufhin ausrichten. Viele betrachten ihre Ausgaben und stellen fest, dass am Ende nichts übrigbleibt. Wenn Sie jedoch zunächst fest 10% Ihrer Einnahmen für Investitionen reservieren, werden Sie sehen, dass Sie in den meisten Fällen genauso gut oder schlecht mit den restlichen 90% auskommen werden wie bisher. So können Sie selbst in finanziell knappen Zeiten bereits anfangen, Geld zurückzulegen. Die meisten Menschen haben sonst automatisch die Tendenz dazu, alles Geld auszugeben, welches sie zur Verfügung haben. Selbst wenn dann die nächste Gehaltserhöhung kommt, steigt der Lebensstandard etwas und das zusätzliche Geld ist schnell wieder aufgebraucht. Also wäre beispielsweise eine Gehaltserhöhung auch eine gute Gelegenheit, um nicht nur zu konsumieren, sondern vielleicht auch zu investieren.

Das Depot

Alle gekauften Wertpapiere wie Aktien oder Anleihen werden bei Ihrer Bank in einem Depot für Sie verwaltet. Dieses können Sie meist kostenlos eröffnen, aber es fallen oftmals jährliche geringe Verwaltungsgebühren an. Ein Depot ist wie ein Online-Konto, wo Sie statt Geld zu überweisen oder abzuholen Wertpapiere handeln und lagern. Dieses Depot können Sie auch bei Bedarf zu einer anderen Bank übertragen, ohne das Sie Ihre Wertpapiere verkaufen müssen.

Demokonten

Eine gute Möglichkeit, um das Handeln und das Zusammenstellen eines Portfolios völlig risikofrei auszuprobieren, sind sogenannte Demokonten, die Sie bei fast allen großen Brokern und Depotbanken führen können. Dort können Sie mit Spielgeld den realen Börsenhandel ausprobieren und dabei die notwendige Sicherheit und ein Gefühl für den Markt, die Börse und die Wertentwicklung gewinnen. Sie benötigen dazu kein Startkapital.

4.4 Was ist ein Portfolio?

Der Begriff Portfolio leitet sich von den lateinischen Begriffen portare (tragen) und Folium (Blatt) ab. In der Finanzbranche und auch im Rahmen dieses Buches bezeichnet ein Portfolio alle Ihre Vermögenswerte, in die Sie investiert sind. Ein Portfolio kann und sollte sich dabei aus verschiedenen Vermögenswerten zusammensetzen. Hier spricht man von Diversifikation oder auch Risikostreuung. Ein Portfolio sollte dabei immer als Ganzes betrachtet werden, es geht nicht um die Rendite oder das Risiko einzelner Vermögenswerte, sondern immer um das gesamte Portfolio und die sich daraus ergebenden Gesamtrisiken und die Gesamtrendite.

5 Vermögenswerte – die Bausteine des Portfolios

Ihr Portfolio setzt sich aus unterschiedlichen Vermögenswerten, auch Assets genannt, zusammen. Was genau Vermögenswerte sind, ist gar nicht so einfach abzugrenzen. In diesem Buch sind Vermögenswerte wie folgt definiert:

Wenn eine Sache oder ein Recht mit der Absicht einer Wertsteigerung (mindestens Werterhalt) oder regelmäßigen Rendite erworben wurde.

Ein neues Fernsehgerät, das Sie sich heute kaufen, mag zwar gefühlt ein Vermögen kosten, aber in einem Jahr ist es aufgrund des technischen Fortschrittes nur noch halb so viel wert. Genauso ist es mit einem neuen Auto. In dem Moment, wo Sie vom Hof des Händlers fahren, verliert der Wagen bereits an Wert und dazu kommen noch weitere Kosten wie Versicherung, Steuern und Kraftstoff. Ein Auto ist also ebenfalls meist nur ein Luxusgut. Genauso ist es bei der selbstgenutzten Immobilie. Diese verursacht oftmals regelmäßig Kosten, und wenn Sie dadurch keine Einnahmen durch Vermietung oder Wertsteigerung erzielen, ist es ebenfalls nur ein Luxusgut und kein

Vermögenswert.

Vermögenswerte können aber beispielsweise sein: Kunstgemälde, Oldtimer-Autos mit Wertzuwachs, Antiquitäten, alte Weine/Spirituosen, Aktien, Anleihen, Edelmetalle, vermietete Immobilien/Grundstücke, Patente, Markenrechte und vieles mehr.

Dieses Buch betrachtet nur einen Teil der möglichen Vermögenswerte in Ihrem Portfolio, welche nachfolgend genauer vorgestellt werden. Die Vermögenswerte sind hier unter anderem auch nach zu erwartendem Risiko und nach zu erwartender Rendite beschrieben, das heißt beispielsweise, dass Bargeld zwar das geringste Risiko, aber dafür auch die geringste Rendite hat, oder dass Hebelprodukte ein größeres Risiko, aber dafür auch eine höhere zu erwartende Rendite haben.

Unterhalb der Einteilung der Vermögenswerte gibt es dann abhängig vom Risiko noch verschiedene Klassen von Vermögenswerten, auch Anlageklassen oder Assetklassen genannt. Diese fassen jeweils eine Gruppe von Vermögenswerten zusammen, die eine ähnliche Rendite- und Risikoerwartung haben. Also beispielsweise die Aktien der 30 größten Unternehmen Deutschlands haben eine ähnliche Rendite und Risikoerwartung und bilden eine Klasse von Vermögenswerten. Aktien von Schwellenländern wären dann wieder eine eigene Klasse. Diese Unterscheidung wird später bei der Aufteilung Ihres Portfolios wichtig.

5.1 Bargeld

Bargeld ist der erste und wohl bekannteste Vermögenswert. Zu Bargeld zählen Tagesgeldkonten, Girokonten und alle anderen sehr kurzfristigen Anlagen. Bargeld ist der Vermögenswert mit dem geringsten Risiko, jedoch auch mit der geringsten Rendite. Das Risiko steigt jedoch, wenn Sie mehr Guthaben auf dem Konto haben, als durch die gesetzliche Einlagensicherung gedeckt ist. Diese wurde aktuell seit 2010 auf 100.000 Euro angehoben. Beträge darüber hinaus sollten Sie dementsprechend auf mehrere Konten bei verschiedenen Banken verteilen oder aber in kurzfristige Staatsanleihen investieren. Kurz erwähnt sei hier aber noch, dass die gesetzliche Einlagensicherung bei weitem nicht so sicher ist, wie Politik und Banken behaupten. Erstens besteht kein rechtlicher Anspruch auf staatliche Gelder im Ernstfall und zweitens, selbst die Pleite einer einzigen Großbank würde den aktuellen Wert des Einlagensicherungsfonds und selbst des Bundeshaushalts um ein vielfaches überschreiten.

Für die Vermögensbildung eignet sich Bargeld aufgrund der niedrigen Rendite nicht, da diese nicht einmal die reale Inflation ausgleicht. Dennoch sollte immer ein Teil Ihres Portfolios aus Bargeld bestehen, zum einen, um das Gesamtrisiko Ihres Portfolios zu minimieren, und zum anderen, um kurzfristig Kapital für Investitionen zur Verfügung zu haben.

5.1.1 Vorteile

- schnelle Verfügbarkeit
- geringes Risiko

5.1.2 Nachteile

- geringe Rendite
- Wertverlust durch Inflation

5.2 Anleihen

Eine Anleihe, auch festverzinsliches Wertpapier genannt, entspricht einem Kredit, den Sie einem Unternehmen oder einem Staat zur Verfügung stellen. Wenn ein Unternehmen Kapital benötigt, kann es dazu Anleihen öffentlich herausgeben. Diese Wertpapiere verbriefen dem Inhaber einen festen Zinssatz bei einer vorher festgelegten Laufzeit. Sie erhalten also den Wert Ihrer Anleihen plus Zinsen nach Ablauf der Laufzeit ausgezahlt.

Die Höhe der Zinsen wird durch verschiedene Faktoren bestimmt wie Restlaufzeit, den Kurs der Anleihe, der Bonität des Herausgebers, dem allgemeinen Marktzins und dem Nennbetrag. Im Gegensatz zu Aktien sind Anleihen damit unabhängig vom wirtschaftlichen Erfolg des Unternehmens oder Staates, vorausgesetzt, der Herausgeber ist in der Lage, die Anleihen zurückzuzahlen. Sie werden also nicht zum Anteilseigner, sondern zum Gläubiger.

Insbesondere die Bonität des Herausgebers beeinflusst maßgeblich die Rendite von Anleihen. Diese Bonität wird von sogenannten Ratingagenturen festgelegt, die damit eine enorme Marktmacht ausüben können. Die meisten verwenden dabei eine Reihe von Buchstabenkombinationen von AAA (Bestnote) bis D, was einem Totalausfall entspricht. Anleihen von Ländern mit dem höchsten Bonitätsrating wie Deutschland, welches mit AAA bewertet ist, gelten als die risikoärmsten Anlagen überhaupt (insbesondere mit kurzen Restlaufzeiten von 1-2 Jahren), während Anleihen aus Griechenland, die derzeit mit B- bewertet sind (Stand. 2017) und somit ein erhöhtes Risiko auf Zahlungsausfall haben.

Insbesondere Staatsanleihen sind lange Zeit aufgrund des geringen Risikos sehr beliebt gewesen. Zu den Staatsanleihen von Deutschland gehörten auch die Bundesschatzbriefe, die 2013 jedoch eingestellt wurden. Derzeit gibt es noch die Bundesanleihen mit einer Laufzeit von 10 oder 30 Jahren, die Bundesobligationen mit einer Laufzeit von 5 Jahren und die Bundesschatzanweisungen mit einer Laufzeit von 2 Jahren. Der Staat leiht sich so Geld, um den Bundeshaushalt zu finanzieren. Ähnliche Anleihen gibt es für die meisten Länder. In den USA beispielsweise gibt es die T-Bills, T-Notes und T-Bonds. Der Kauf von Staatsanleihen erfolgt über Ihre Bank oder Sparkasse. Sie können jedoch auch börsengehandelte Anleihen kaufen, die eine kürzere Restlaufzeit haben, oder in entsprechende ETFs und Fonds investieren, welche die Anleihen für Sie kaufen.

Während wirtschaftlich relativ sichere Staaten mit Top-Bonität wie Deutschland nur geringe Zinsen zahlen, zahlen andere Staaten wie Griechenland relativ hohe Zinsen. Deshalb hatten viele der deutschen Banken ihr Geld dort angelegt. Hohe Zinsen gibt es aber auch nur bei hohem Risiko, was dort schlichtweg ignoriert wurde. Dies war auch einer der Gründe, warum alle „Rettungspläne" für Griechenland in erster Linie den entsprechenden Banken zu Gute kamen, die sich eigentlich verspekuliert hatten.

Wenn Sie in Staatsanleihen investieren, sollten Sie

dies immer in Ihrer Heimatwährung tun. Sonst gehen Sie zusätzliche Währungsrisiken ein, welche die zu erwartende Rendite übertreffen können. Unternehmensanleihen sind grundsätzlich nicht so sicher und als Einsteiger sollten Sie diese vermeiden. Investieren Sie dann besser in entsprechende Aktien.

5.2.1 Vorteile

- sehr wertstabil
- geringeres Risiko bei geringer Rendite, höheres Risiko ermöglicht auch höhere Rendite
- kurzfristige Investitionen mit Laufzeiten von 12, 24 oder 36 Monaten möglich
- leicht zu verstehen und zu investieren

5.2.2 Nachteile

- heutzutage nur noch wenig attraktive Renditen, da die Zinsen historisch niedrig sind, die Verzinsung der Bundesanleihen fiel 2016 sogar erstmals auf unter 0%
- bei Zahlungsunfähigkeit des Schuldners kann es zum Totalverlust kommen

5.3 Aktien

Eine Aktie ist ein Wertpapier, welches Ihnen den Anteil an einem Unternehmen verbrieft. Das Unternehmen beschafft sich auf diese Weise Kapital und die Aktieninhaber profitieren vom Gewinn des Unternehmens.

Das Grundkapital einer Aktienfirma kann in zwei verschiedene Arten von Aktien eingeteilt werden: Nennwertaktien, welche dem Besitzer einen festen Betrag zusichern, und Stückaktien, welche einen prozentualen Anteil zusichern. Die Aktien werden von der Firma beim Börsengang oder während einer Kapitalerhöhung an den Börsen zum Verkauf angeboten. Abhängig von den verbrieften Rechten unterscheidet man zudem zwischen Stammaktien, welche dem Inhaber alle gesetzlichen und satzungsmäßigen Aktionärsrechte verbriefen, und Vorzugsaktien, welche noch Sonderrechte enthalten können, wie etwa eine feste Dividende.

Die Dividende einer Aktie ist eine jährliche Beteiligung am Gewinn des Unternehmens, deren Höhe auf der Aktionärsversammlung beschlossen wird. Sie wird in Prozent vom Wert des Aktienkurses angegeben und betrug in den letzten Jahren bei den großen DAX-Unternehmen zwischen 1% und 5%. Damit allein bringen Aktien in der Regel eine deutlich höhere Rendite als alle aktuellen Zinsangebote auf Festgeld, Tagesgeld oder Girokonten. Sie können also beim Besitz von Aktien auf zwei Arten profitieren: zum einen von der Dividende, die einer Art jährlichen Verzinsung entspricht, und zum anderen durch den Anstieg des Aktienkurses.

Um eine Aktie zu besitzen, kaufen Sie diese bei Ihrem Broker (Aktienhändler – meist eine Bank). Aktien werden in der Regel nicht mehr als reales Wertpapier ausgehändigt, sondern von Ihrem Broker in einem virtuellen Depot für Sie geführt. Im Zusammenhang mit den Aktien unterscheidet man diese noch aus Anlegersicht in verschiedene Kategorien.

5.3.1 Hauptwerte, Mittelwerte und Nebenwerte

Die Aktien börsennotierter Firmen werden oftmals nach ihrer Größe unterteilt in Hauptwerte (andere Bezeichnungen sind: large Caps / Blue Chips / Standardwerte), Mittelwerte (mid Caps) und kleine Werte (small Caps). Alle Aktien, die nicht im jeweiligen Hauptindex des Marktes, wie dem DAX für Deutschland, erfasst sind, werden auch Nebenwerte genannt. Diese Unterteilung bezieht sich auf die Marktkapitalisierung. Die Aktien, die im DAX erfasst und den meisten bekannt sind wie VW, BMW, Telekom und Co., zählen zu den Hauptwerten. Analog dazu zählen kleinere Aktiengesellschaften zu den Mittelwerten oder kleinen Werten. Die genauen Grenzwerte sind dabei jedoch nicht festgelegt.

Wichtig für Sie als Anleger im Rahmen dieses Buches ist, dass kleinere Aktiengesellschaften immer ein größeres Risiko haben, aber dafür meist auch eine höhere Rendite. Sie verteilen also je nach Risikobereitschaft und Renditeerwartungen Ihre Investments auf die unterschiedlichen Unternehmensgrößen und es kann durchaus sinnvoll sein, sich nicht nur auf die Hauptwerte, wie das die meisten Anleger tun, zu konzentrieren.

5.3.2 Value-Aktien und Growth-Aktien

Eine weitere Unterscheidung von Aktien findet nach Value (engl. Wert) und Growth (engl. Wachstum) statt. Value-Aktien sind Aktien, die derzeit aus Sicht des Anlegers unterbewertet sind. Bekannte Investoren wie Warren Buffet konzentrieren sich ausschließlich auf diese. Wenn also eine Firma mit 1.000.000 Euro an der Börse notiert ist, aber beispielsweise Immobilien oder Maschinen im Wert von 2.000.000 Euro besäße, dann wäre das ganz klar eine unterbewertete Value-Aktie. Growth-Aktien sind Aktien, die in einem Trendbereich liegen wie derzeit wohl Amazon, Google oder Tesla. Aktien, denen ein starkes Wachstum prognostiziert wird, obwohl sie bereits relativ teuer sind.

5.3.3 Risikofaktoren bei Aktien

Unter Risikofaktoren bei Aktien versteht man Kennzahlen oder Merkmale einer Aktie, welche die Höhe der zu erwartenden Rendite beeinflussen. Wenn Sie bereit sind, dieses erhöhte Risiko zu tragen, erhalten Sie als Kompensation eine höhere Rendite. Die Unterscheidung von Large Caps und Small Caps wurde ja bereits erläutert und dass Small Caps eine größere Renditeerwartung haben. Daraus leitet sich ein Risikofaktor Size (Größe) ab und es gibt eine Faktorprämie (also höhere erwartete Rendite) für die Investition in mittelgroße und kleine Aktiengesellschaften, während größere Aktiengesellschaften in der Regel eine niedrigere Renditeerwartung haben.

Ebenso gibt es weitere Risikofaktoren, die zu einer höheren erwarteten Rendite führen wie Value (Value-Aktien). Der Unterschied zwischen Value- und Growth-Aktien ist jedoch relativ gering. Ein weiterer Risikofaktor ist das Momentum. Dieser geht auf den aus historischen Daten abgeleiteten Effekt zurück, dass Aktien, die in den letzten 3–12 Monaten besonders gut gelaufen sind, auch in den kommenden 3–12 Monaten gute Aussicht auf eine hohe Rendite haben. Dieser Faktor lässt sich anhand historischer Daten belegen und führt zu einer erhöhten Rendite.

Dann gibt es noch den Volatilitätsfaktor, welcher aussagt, dass Aktien mit einer niedrigen Volatilität (Kursschwankung) über eine lange Haltedauer eine höhere Rendite erwirtschaften.

Neben diesen Risikofaktoren gibt es noch viele weitere wie Unternehmensqualität, Dividenden, Zinsänderungsrisiko, Kreditausfallrisiko, Liquidität, politische Risiken, und es kommen auch regelmäßig neue dazu.

Um so einen Risikofaktor zu bestimmen, wird dazu die Wertentwicklung einer bestimmten Aktiengruppe gegenüber einer Vergleichsgruppe betrachtet und wenn die Aktiengruppe in ihrer Rendite über der Vergleichsgruppe liegt, wird das dem Risikofaktor zugesprochen.

Der reale Markt ist jedoch oft zu komplex, um hier zuverlässige Informationen zu gewinnen. Das Problem mit all diesen Risikofaktoren ist, dass sie anhand historischer Daten gewonnen werden und niemals eine zuverlässige Prognose für die Zukunft darstellen. Als Privatanleger können Sie jedoch auch ohne großen Aufwand von einigen dieser Risikofaktoren profitieren und so Ihre Rendite erhöhen. Sie müssen dazu nicht in einzelne Aktien investieren, da es auch Anlageprodukte gibt, die speziell auf solche Risikofaktoren ausgelegt sind, wie beispielsweise ein Indexfonds für Nebenwerte (Risikofaktor: Size) oder Emerging-Markets (Risikofaktoren: Politische und Währungsrisiken).

5.3.4 Vorteile

- Gewinnchance durch Anstieg des Aktienkurses
- geringeres Risiko, da Sie einen realen Gegenwert in Form des Unternehmens haben
- teilweise jährliche Gewinnbeteiligung am Unternehmen in Form von Dividenden

- Totalverlust unwahrscheinlich, wenn Sie sich auf Aktien von etablierten Firmen konzentrieren
- auch im Falle einer Bankenpleite gehört die Aktie weiter Ihnen und kann in ein anderes Depot bei einer anderen Bank übertragen werden

5.3.5 Nachteile

- ohne Aufteilung des Portfolios in verschiedene Aktien ist das Risiko höher
- der Aufwand, Aktien zu recherchieren, analysieren, kaufen, verkaufen und beobachten, ist relativ hoch
- Gebühren fallen pro Kauf bzw. Verkauf an
- Sie konkurrieren direkt mit vielen professionellen Anlegern

5.4 Physische Vermögenswerte

Physische Vermögenswerte umfassen alles, was Sie im realen Leben anfassen können. Klassische Wertgegenstände können Schmuck, Gold in Form von Münzen oder Barren, aber auch antike oder im Wert wachsende sonstige Luxusgüter sein, vom Oldtimer bis hin zum guten Wein.

Gold ist hier die sicherste Empfehlung, bei der Sie, wenn Sie einen seriösen Verkäufer finden, nur wenig falsch machen können. In alle anderen physischen Vermögenswerte sollten Sie nur bei entsprechendem Fachwissen investieren. Gold als Münzen oder Barren können Sie leicht bei Ihrer Bank kaufen oder aber in Form der klassischen Sammlermünzen, wobei die weltweit bekannteste wohl der südafrikanische Krugerrand ist. Diesen gibt es in verschiedenen Gewichtsklassen und der aktuelle Wert richtet sich jeweils nach dem tagesaktuellen Goldpreis. Physische Vermögenswerte sind jedoch ein eigenes Thema, das über den Rahmen dieses Buches hinausgeht und deren Wert stark davon abhängt, was jemand anderes bereit ist zu zahlen.

5.5 Immobilien

Immobilien sind ebenfalls ein eigenes, sehr komplexes Thema, welches über den Rahmen dieses Buches hinausgeht. Einerseits eignen sie sich gut zur Verteilung von Risiken, da sie weitestgehend unabhängig von anderen Märkten wie Aktien sind, andererseits ist das mit Fremdkapital finanzierte Eigenheim wohl einer der häufigsten Finanzirrtümer, dem viele private Sparer unterliegen. Von der Unflexibilität und den hohen Nebenkosten abgesehen, ist das Risiko von Immobilieninvestments auch deutlich höher als die meisten vermuten. Im Vergleich zwischen Mieten und Kaufen liegt derjenige, der nach einer 30jährigen Sparzeit statt eine Immobilie abzubezahlen konstant sein Geld angelegt hat, wohl deutlich vorne, trotz regelmäßiger Mietzahlungen. Selbstgenutzte Immobilien sind also meist als Luxusgut zu betrachten und nicht als Investment. Bei vermieteten Immobilien oder einer höheren Eigenkapitalquote ändert sich das.

Wenn Sie dennoch Immobilien in Ihrem Portfolio ergänzen wollen, können Sie das mittlerweile auch bequem über sogenannte REITS (Real Estate Investment Trusts) tun. Diese sind in den Punkten Transparenz, Flexibilität und Gebühren den offenen und geschlossenen Immobilienfonds vorzuziehen, da sie sehr strengen Regularien unterliegen. Sie lassen sich bequem handeln wie eine Aktie und verknüpfen somit die Vorteile von Aktien mit denen von Immobilieninvestments. Außerdem schütten REITS 90% ihres Gewinns direkt an die Anleger aus.

5.6 Rohstoffe

Die nächste Kategorie von Vermögenswerten bilden die Rohstoffe, beispielsweise Rohöl, Erdgas, Kupfer, Edelmetalle oder Lebensmittel wie Weizen, Sojabohnen, Kaffee und Kakao. Direkte Investments, außer bei den Edelmetallen, sind aufgrund der Lager- und Logistik-Herausforderungen für Privatpersonen relativ schwer, aber es gibt entsprechende Börsenprodukte, die ein indirektes Investment ermöglichen. Rohstoffe können das Risiko eines Portfolios weiter senken, weil ihre Abhängigkeit von anderen Vermögenswerten wie dem Aktienmarkt relativ gering ist. Als Einsteiger sind Rohstoffinvestments aber nicht notwendig, da sie keinen maßgeblichen Einfluss auf die Rendite haben.

5.7 Hebelprodukte (Derivate)

Zu den Hebelprodukten zählen Optionsscheine, Futures, Contract for Differences (CFDs) und andere. Sie leiten ihren Wert immer von einem anderen Vermögenswert wie einer Aktie, einem Rohstoff oder einem Währungskurs ab und werden deshalb auch Derivate (von lateinisch: derivare „ableiten“) genannt. Sie unterscheiden sich jedoch in Rendite und Risikostruktur stark von Aktien, da Sie hier mit einem Hebel handeln.

Am Beispiel von CFDs werde ich Ihnen das Prinzip von Hebelprodukten erläutern, das jedoch auch für die anderen genannten Hebelprodukte gilt.

Wenn Sie eine normale Aktie für 100 Euro kaufen, diese dann im Kurswert um 10% steigt und Sie wieder verkaufen, haben Sie einen Gewinn von 10% des eingesetzten Kapitals, also 10 Euro. Ihr eingesetztes Kapital betrug 100 Euro, der Gewinn 10 Euro.

Bei Hebelprodukten setzen Sie nicht den vollen Betrag ein, sondern nur eine Sicherheitsleistung, die Margin heißt. Wenn Sie jetzt also statt einer Aktie einen CFD auf diese Aktie kaufen, müssen Sie nicht die vollen 100 Euro einzahlen, sondern nur die Sicherheitsleistung. Bei CFDs auf DAX-notierte Unternehmen liegt diese in der Regel bei 5%. Sie müssten für den Kauf des CFD im Wert von 100 Euro also nur 5 Euro Margin hinterlegen. Die 100 geteilt durch 5 entsprechen einem Hebel von 20. Sie können also das Zwanzigfache des eingesetzten Kapitals handeln. Wenn Sie einen CFD auf die Aktie aus dem obigen Beispiel gekauft haben und die gleiche Aktie dann wieder um 10% steigt, haben Sie mit 5 Euro eingesetztem Kapital den gleichen Gewinn erzielt, als wenn Sie die Aktie direkt für 100 Euro gekauft hätten. Wenn Sie also, um das Beispiel fortzusetzen, dieselben 100 Euro in 20 CFDs investiert hätten, wäre der erzielte Gewinn 200 Euro. Durch den Hebel von 20 erzielen Sie auch den 20-fachen Gewinn.

Der Haken: Sollte die Aktie sich ungünstig entwickeln und an Wert verlieren, erhöht sich auch der Verlust! Aufgrund dieses erhöhten Risikos sind alle Hebelprodukte auch in den höchsten Risikoklassen der Banken eingestuft.

Der große Vorteil von Hebelprodukten ist, dass weniger Kapital gebunden ist und Sie mehr Handelsspielraum haben. Da Sie nur 5 Euro statt der 100 Euro benötigen, können Sie für die verbleibenden 95 Euro noch weitere Hebelprodukte kaufen. Der Nachteil ist jedoch neben dem deutlich höheren Risiko, dass Sie auf die Differenz zwischen Ihrer Sicherheitsleistung und dem gehandelten Betrag Zinsen zahlen. Hebelprodukte sind daher besser für kurzfristige Investitionen und Spekulationen geeignet.

5.7.1 Vorteile

- weniger gebundenes Kapital
- sehr flexible Laufzeiten
- einfach zu handeln (insbesondere CFDs)

5.7.2 Nachteile

- erhöhtes Risiko
- aufwendiger in der Verwaltung
- Zinsen für Übernachtpositionen
- erfordern Fachwissen und persönliche Eignung

5.8 Kryptowährungen

Kryptowährungen sind ein relativ aktueller Trend und werden deshalb an dieser Stelle als eigener Vermögenswert aufgelistet. Der wohl bekannteste Vertreter der Kryptowährungen sind die Bitcoins. Es gibt jedoch noch viele weitere wie Etherium, Litecoin, Ripple oder Dash. Die Gesamtmarktkapitalisierung dieser Kryptowährungen beträgt mittlerweile rund 26 Milliarden

US-Dollar (Stand: 01.04.2017). Im Vergleich zu den anderen Märkten wie Aktien ist das ein verschwindend geringer Wert, aber trotzdem schon eine stattliche Summe, die stark ansteigt.

Das Grundprinzip all dieser Währungen ist, dass kryptografische Methoden angewandt werden, um virtuelles Geld zu erzeugen und die Transaktionen zwischen den einzelnen Besitzern abzusichern. Der größte Unterschied zu traditionellem Geld ist, dass das Geld von Privatanlegern geschaffen wird und nicht von Zentralbanken. Die Währung ist also völlig dezentral und macht viele der traditionellen Bankenstrukturen überflüssig.

Ob sich diese Konzepte langfristig durchsetzen werden, ist derzeit noch nicht abzusehen, da der Bitcoin, als erste öffentlich gehandelte Kryptowährung, gerade einmal seit 2009 gehandelt wird. Für solides risikoarmes Investment oder die Altersvorsorge sind Kryptowährungen also nicht geeignet. Das gilt insbesondere, da ihr gesamter Wert immer von der Sicherheit der aktuell verwendeten kryptografischen Methoden abhängt. Ein Quantencomputer, der diese Kryptografie knackt, kann alle derzeitigen Kryptowährungen also innerhalb eines Tages wertlos machen. Für kurz bis mittelfristige Investments von sehr risikofreudige Anlegern, die mit enormen Wertschwankungen leben können, stellen Sie trotzdem eine sehr interessante Ergänzung im Portfolio dar.

6 Was ist ein Index?

Sie haben nun bereits erfahren, was ein Portfolio ist und aus welchen Vermögenswerten das Portfolio zusammengesetzt sein kann. Ziel ist es, möglichst risikoarm und passiv zu investieren. Deshalb werden wir nicht in einzelne Vermögenswerte wie eine einzelne Firmenaktie investieren, sondern immer in viele gleichzeitig, um das Risiko zu verteilen und den Aufwand so gering wie möglich zu halten. Ein wichtiges Werkzeug dafür sind sogenannte Indizes.

Ein Index bezeichnet im Kontext dieses Buches eine Kennzahl, die den Wert einer bestimmten Gruppe von Vermögenswerten zusammenfasst. Der Index repräsentiert also nicht eine einzelne Aktie beispielsweise, sondern eine ganze Gruppe von ihnen in einer einzigen Kennzahl.

Der unter deutschen Privatanlegern bekannteste Index dürfte der Deutsche Aktien Index (DAX) sein. Dieser bildet den Wert der Aktien der 30 größten deutschen Unternehmen (nach Börsenwert) in einer Kennzahl ab und repräsentiert somit die gesamte wirtschaftliche Entwicklung in Deutschland über verschiedene Branchen und Firmen hinweg. Es gibt aber auch etliche andere Indizes für die verschiedensten Branchen, Länder, Unternehmen oder Vermögenswerte: vom Rohstoffindex über Aktienindizes bis hin zu Anleihen oder Immobilien.

Ziel ist es immer, den Anlegern in einer kurzen Kennzahl einen Überblick über die wirtschaftliche Entwicklung des Marktes zu geben, und gleichzeitig können Indizes auch als Vergleichswert für aktive Anlagestrategien dienen, deren Ziel es ist, besser als der jeweilige Gesamtmarkt abzuschneiden.

Die Berechnung der meisten Indizes erfolgt anhand der Marktkapitalisierung der einzelnen Vermögenswerte. Ein Unternehmen beispielsweise mit 10.000 Aktien zu einem Kurs von 100 Euro hat also eine Marktkapitalisierung von 1.000.000 Euro. Anhand dieses Wertes erfolgt eine prozentual gewichtete Aufnahme in den jeweiligen Index. In regelmäßigen Abständen werden deshalb auch entsprechende Anpassungen vorgenommen, welche aktuellen Werte im Index erfasst sind. Um Transaktionskosten zu sparen, erfolgt die Neuzusammensetzung eines Index jedoch nicht täglich, sondern eher alle 1–12 Monate.

Eine wichtige Unterscheidung von Indizes ist, ob es sich um einen Kursindex oder um einen Performanceindex handelt. Die ersteren bilden nur die Kursentwicklung eines Wertpapieres ab, während ein Performanceindex auch die Gewinn-Ausschüttungen berücksichtigt. Performanceindizes werden deshalb auch Total-Return-Indizes genannt und stellen meist die bessere Investition dar.

Sie werden im Laufe des Buches noch erfahren, wie Sie in so einen entsprechenden Index investieren können. Zunächst gilt es nur zu merken, dass der Index den Zielmarkt möglichst in seiner Gesamtheit erfassen sollte. Der DAX tut dies beispielsweise nur sehr begrenzt, da von über 1.000 börsennotierten Unternehmen in Deutschland lediglich 30 in die Berechnung einbezogen werden. Außerdem gibt es auch einige Indizes, die so spezialisiert sind, dass sie sich für eine passive Anlagestrategie gar nicht eignen. Ein Index für erneuerbare Energien beispielsweise bildet nur einen sehr speziellen Marktsektor ab und eignet sich nicht.

6.1 Liste wichtiger Indizes

Die nachfolgende Liste enthält einige der bekanntesten und für das Buch wichtigen Indizes. Einige der bekannten Indizes wie der DAX werden der Vollständigkeit halber gelistet. Es empfiehlt sich aber, eher in besser diversifizierte Indizes von speziellen Indexanbietern wie MSCI, FTSE oder STOXX zu investieren. Insbesondere die MSCI-Indizes werden von vielen Anbietern von Indexfonds und ETFs abgebildet. Auf der MSCI-Webseite können Sie weitere Details zur Gewichtung, aktuellen Zusammensetzung und Berechnung nachlesen (www.msci.com).

6.1.1 DAX und andere Länder-Indizes

Der wohl bekannteste Index bei deutschen Privatanlegern ist der DAX, welcher die 30 nach Marktkapitalisierung größten Firmen Deutschlands umfasst. Für gut diversifizierte Investments ist der DAX aber nicht immer die beste Wahl. Unter diesen Hauptindizes gibt es noch weitere wie den SDAX oder den MDAX in Deutschland, welche die Wertentwicklung kleinerer Unternehmen abbilden, oder den TecDAX, welcher Unternehmen einer bestimmten Branche enthält. Analog dazu gibt es in vielen anderen Ländern der Welt einen derartigen landesspezifischen Index, beispielsweise Österreich (ATX), Schweiz (SMI), Japan (Nikkei), Großbritannien (FTSE 100), Frankreich (CAC 40), China (SCI).

6.1.2 Dow Jones

Der Dow Jones Industrial Avarage wurde bereits 1896 erstmalig eingeführt und ist der wohl bekannteste Börsenindex aus den USA. Analog zum DAX enthält er die 30 bedeutendsten US-Unternehmen und spiegelt deren Kursentwicklung wider. Die Berechnungsmethode ist jedoch nicht mehr ganz zeitgemäß. Ein Gremium schlägt unregelmäßig vor, welche Aktien enthalten sind, und die Gewichtung erfolgt nach dem Kurs der Aktie.

6.1.3 NASDAQ 100

Die NASDAQ ist die größte amerikanische elektronische Börse der USA. Der NASDAQ 100 umfasst die nach Marktkapitalisierung 100 größten dort gelisteten Firmen.

6.1.4 S&P 500

Der S&P 500 ist der dritte große Börsenindex der USA und wird von der Ratingagentur Standard and Poor's herausgegeben. Er umfasst die 500 nach Marktkapitalisierung größten Unternehmen der USA und spiegelt deren Wertentwicklung wider.

6.1.5 MSCI All Country World Index (ACWI)

Dieser Index bildet den gesamten Aktienmarkt weltweit inklusive der Schwellenländer ab. Er ist also ausreichend, um den Aktienanteil in einem sehr einfach gehaltenen Portfolio vollständig abzudecken. Er enthält ungefähr 2.400 Firmen aus 23 Industriestaaten und 23 Schwellenländern und deckt 85% der weltweiten Marktkapitalisierung ab. Der Anteil an Schwellenländern nach Gewichtung im Index beträgt ungefähr 11%. Dies ist der umfassendste MSCI-Index und die nachfolgenden sind praktisch in ihm enthalten. Wenn Sie jetzt eine bestimmte Region oder beispielsweise Schwellenländer stärker in Ihrem Portfolio gewichten wollen, können Sie ergänzend zu diesem Index in entsprechende spezialisiertere Indizes investieren.

6.1.6 MSCI World

Dieser Index umfasst die Wertentwicklung der Aktien von ungefähr 1.600 Firmen aus 23 Industrieländern und bietet so ebenfalls eine breite Diversifikation über Branchen, Währungen und Länder. Die Gewichtung sieht jedoch einen Anteil von ungefähr 60% US-Aktien vor. Seit 1970 erzielt dieser Index ein durchschnittliches Wachstum von ungefähr 6,8%. Unterhalb des MSCI World gibt es dann noch Indizes für die einzelnen Regionen Nord-Amerika, Europa und mittlerer Osten und Pazifik.

6.1.7 MSCI Europe

Der MSCI Europe umfasst ungefähr 85% der Marktkapitalisierung von Aktiengesellschaften aus 15 europäischen Industriestaaten wie Deutschland, Österreich, Schweiz oder Frankreich. Da die meisten weltweiten

Indizes einen starken Fokus auf die USA haben, kann eine Beimischung dieses Index für eine stärkere Gewichtung europäischer Märkte sinnvoll sein.

6.1.8 MSCI Emerging-Markets

Dieser Index enthält ungefähr 800 Aktien aus 23 Schwellenländern und spiegelt somit ungefähr 85% der Marktkapitalisierung dieser Länder wider. Die am stärksten vertretenen Länder sind China (ca. 26%), Südkorea (ca. 15%) und Taiwan (ca. 12%). Der MSCI Emerging-Markets kann dann wieder noch in verschiedene Regionen unterteilt werden, wie Amerika, Europa/mittlerer Osten/Afrika und Asien. Emerging-Markets bieten gute Renditechancen, jedoch bei einem höheren Risiko.

6.1.9 MSCI Frontier-Markets

Frontier-Markets sind Länder, die wirtschaftlich gesehen eine Vorstufe zu den Schwellenländern bilden. Beispiele sind Vietnam, Pakistan, Marokko, Kroatien oder Kenia. Investments in diese Länder sind oftmals riskanter als Schwellenländer-Investments, aber dafür erhöht sich mit dem Risiko auch die mögliche Rendite. Nur sehr risikofreudige Anleger sollten die Frontier-Markets in Betracht ziehen.

6.1.10 MSCI World Small Cap

Dieser Index umfasst die Nebenwert-Aktien der 23 Industrieländer und bietet somit eine theoretisch etwas höhere Rendite bei ebenfalls höherem Risiko. Wenn Sie beispielsweise von dem Risikofaktor Größe bei Aktien profitieren wollen, können Sie dies, indem Sie einen derartigen Index mit in Ihr Portfolio aufnehmen.

6.1.11 (EURO) STOXX 50

Der EURO STOXX 50 umfasst die 50 größten Unternehmen aus der Euro-Zone. Während der STOXX Europe 50 die 50 größten Unternehmen Europas umfasst, also auch Länder, in denen der Euro nicht eingeführt wurde. Der Anbieter STOXX hat unter anderem auch noch den STOXX Europe 600 im Angebot, welcher ungefähr 600 Unternehmen aus Europa umfasst und somit wesentlich breiter gestreut ist.

6.1.12 S&P GSCI

Der Goldman Sachs Commodity Index, der seit 2007 von Standard and Poor's geführt wird, ist ein Rohstoffindex, der 24 verschiedene Rohstoffe umfasst wie Erdöl, Erdgas, diverse Edelmetalle, aber auch Lebensmittel wie Kaffee, Zucker oder Fleisch von Rind oder magerem Schwein. Es gibt verschiedene Unterindizes, welche einzelne Branchen wie Energie oder Agrarwirtschaft einzeln berücksichtigen. Der GSCI ist vom Fokus her auf Energierohstoffe ausgelegt, um eine bessere Rendite zu erzielen.

6.1.13 MSCI World Real Estate Index

Der MSCI World Real Estate Index umfasst Immobilienaktien aus 23 entwickelten Ländern weltweit. Jedoch wieder mit starkem Fokus auf die Immobiliengesellschaften der USA. Es gibt aber auch hier wieder entsprechende Unterindizes, deren Fokus auf anderen Regionen liegt. Für indirekte Immobilieninvestments ist aufgrund der breiteren Streuung ein weltweiter Index wie dieser wesentlich besser geeignet als lokale Immobilien Indizes oder gar einzelne Immobilien.

7 Fonds

Neben der Möglichkeit, direkt in Vermögenswerte zu investieren, gibt es auch noch Fonds, die das Investieren für Sie übernehmen. In diesem Kapitel wird erklärt, was Fonds sind und welche Arten von Fonds es gibt.

7.1 Was sind Fonds?

Bei einem Fonds sammelt eine Fondsgesellschaft Geld von Kapitalanlegern ein und investiert dieses in bestimmte Märkte und Vermögenswerte wie Immobilien, Aktien oder Rohstoffe. Alle Fonds, die in Deutschland legal an Privatanleger vertrieben werden dürfen, unterliegen dabei gesetzlichen Regularien und werden von entsprechenden Behörden wie der Bundesanstalt für Finanzdienstleistungsaufsicht (BaFin) überwacht (diese Richtlinien sind EU-weit identisch und gelten dort ebenfalls). Grundsätzlich gehören Fonds auch zum Sondervermögen der entsprechenden Fondsgesellschaft. Sie werden also getrennt vom Vermögen anderer Fonds der gleichen Gesellschaft verwaltet und liegen bei einer separaten Bank. Sie können bei eventuellen Ansprüchen durch Gläubiger gegen die Fondsgesellschaft auch nicht eingezogen werden. Ihre Anlagen sind von daher also auch im Pleitefall einer Bank oder Fondsgesellschaft sicher, da die Vermögenswerte dann zu einer anderen Bank transferiert werden können. Der Kauf und Verkauf von Fonds findet über Ihre Bank, einen entsprechenden

Berater oder aber die Börse statt.

7.2 Arten von Fonds

7.2.1 Ausschüttende Fonds und thesaurierende Fonds

Einen erwähnenswerten Unterschied gibt es bei Fonds: Der Umgang mit Gewinnen. Die Fonds investieren in die entsprechenden Vermögenswerte und erhalten daraus Gewinne. Aktien zahlen Dividenden, Anleihen Zinsen usw. Diese Gewinne können entweder direkt an den Anleger ausgeschüttet werden, hier spricht man von ausschüttenden Fonds und die Ausschüttung der Gewinne erfolgt meist jährlich, selten auch quartalsweise oder monatlich. Alternativ zur Ausschüttung gibt es auch Fonds, welche die Gewinne neu investieren, hier spricht man von thesaurierenden Fonds. Für die Vermögensbildung ist die letzte Variante besser, aber wenn Sie regelmäßig einen kleinen Geldbetrag erhalten wollen, investieren Sie in einen ausschüttenden Fonds.

7.2.2 Aktiv gemanagte Fonds

Aktiv gemanagte Fonds werden von einem Fondsmanager verwaltet und versuchen durch geschicktes Auswählen von Vermögenswerten, den Gesamtmarkt zu schlagen. Sie setzen grundsätzlich also eher auf die Auswahl weniger Werte (Konzentration), statt einer möglichst breiten Streuung (Diversifikation). Der Fondsmanager entscheidet, welche Aktien oder Werte gekauft werden.

Die Grundidee dahinter ist, dass durch geschickte

Auswahl der Vermögenswerte das Risiko reduziert wird und die Rendite des Gesamtmarktes geschlagen wird. Also ein aktiv gemanagter Fond der deutschen Wirtschaft sollte im Idealfall besser abschneiden als der Deutsche Aktien Index (DAX). Wenn man die Gebühren alle mit einberechnet, schaffen das jedoch nicht einmal 30% dieser Fonds, wie eine regelmäßig durchgeführte Studie der Ratingagentur Standard & Poors zeigt (die aktuellen Daten der Studie finden Sie unter: http://us.spindices.com/resource-center/thought-leadership/spiva/). Diese Studie kommt regelmäßig heraus und selbst in Ausnahmezeiten sehen die Ergebnisse für aktiv gemanagte Fonds nicht besser aus.

Die anfallenden Gebühren sind ein weiterer Grund, der gegen aktiv gemanagte Fonds spricht. Gebühren fallen an für die Ausgabe des Fonds (Ausgabeaufschlag), aber auch regelmäßig, da der Fondsmanager und die Analysten auch bezahlt werden wollen.

Jetzt sagen Sie vielleicht, dann nehme ich halt einen dieser 30% der Fonds, die den Markt schlagen? In vielen Bereichen des Lebens ist es ein naheliegender Gedanke, der beste Schüler des Vorjahres wird wahrscheinlich auch im nächsten Jahr gute Leistungen haben, der schnellste Fahrer des letzten Formel-1-Rennens wird auch im nächsten Rennen gute Chancen haben und auch im Fußball sind es ja meist die gleichen Mannschaften, die dominieren. Die Daten zeigen jedoch, dass dies bei Fonds nicht funktioniert. Das Problem ist, dass es extrem schwer vorherzusagen ist, welche der Fonds im nächsten Jahr zu den Top-Performern gehören werden. Sie erhalten ja jeweils nur historische Daten und Wertentwicklungen, welche niemals eine Garantie für künftige Erfolge geben. Ein Fondsmanager kann einfach nur Glück in einem bestimmten Jahr haben oder aber auch eine Strategie, die besonders gut zu der jeweiligen Marktsituation passt. Ändert sich die allgemeine Marktrichtung oder treten andere außergewöhnliche Ereignisse auf, kann sich die Performance auch drastisch verschlechtern.

Diesen Umstand sieht man schön in der Persistance Scorecard, die Sie ebenfalls auf der oben verlinkten Seite finden. Diese zeigt, wie vielen der Top 25% der Fonds es gelingt, ihre Performance in den nachfolgenden 5 Jahren zu wiederholen. Es sind lediglich ungefähr 20%. Also selbst wenn Sie rein zufällig irgendeinen Fonds wählen, ist die Wahrscheinlichkeit besser, einen der Top-Performer zu treffen (25%), als wenn Sie die Entscheidung aufgrund historischer Daten treffen. Warren Buffet formulierte das einst so: „Die Intelligenz von Hedgefondsmanagern ist in der Regel nicht höher als die Kosten, die sie von ihren Investoren verlangen. Langfristig wird man mit passiven und günstigen Indexfonds besser fahren."

Nicht ohne Grund sind auch Warnhinweise verpflichtend, dass historische Ergebnisse keine Garantie für eine zukünftige Performance sind. Lassen Sie sich da auch nicht von den Werbungen einiger Firmen irritieren, die mit der guten Performance ihrer Fonds werben, oftmals werden Fonds, die nicht so gut laufen, ohnehin eingestellt und es ist auch so, dass diese Firmen teilweise mehr als 100 verschiedene Fonds-Produkte anbieten. Von daher ist es also normal, dass einige von ihnen auch eine gute Rendite erzielen.

Auch werden hier verschiedene Verkaufstricks angewandt. So wird beispielsweise ein falscher Vergleichsindex herangezogen, welcher die Rendite des eigenen

Fonds positiver erscheinen lässt, oder einige Gebühren, wie der Ausgabeaufschlag, werden nicht berücksichtigt. Gern wird auch ein beliebiger Vergleichszeitraum gewählt, es gibt sicher für jeden Fonds einen Zeitraum, in dem er kurzfristig den Vergleichsindex geschlagen hat. Wenn das alles nicht hilft, wird das Risiko ignoriert und mit einem wesentlich sichereren Anlageprodukt verglichen oder teilweise werden komplett obskure Formeln und Berechnungen ausgepackt. Seien Sie bei all diesen Berechnungen und Versprechungen immer skeptisch. Von diesen Finanzprodukten profitieren die Verkäufer und Fondsgesellschaften am meisten, von daher wird es immer zu einem Interessenskonflikt zwischen Beratern und Kunden kommen.

Gebühren

- Ausgabeaufschlag (ca. 2–5% einmalig bei Kauf)
- regelmäßige Verwaltungsgebühren (ca. 1–3% des Wertes pro Jahr)
- Depotgebühren (ca. 0,1–0,5% des Wertes pro Jahr)
- hohe Transaktionsgebühren des Fonds (Wertpapierhandel/Depotgebühren)
- performance-abhängige Managementvergütung
- höhere Steuerbelastung durch häufige Realisierung von Gewinnen

Vorteile

- Diversifikation des Portfolios durch einen erfahrenen Fondsmanager
- geringeres Risiko als einzelne Aktien

Nachteile

- nur wenige aktiv gemanagte Fonds haben wirklich eine bessere Rendite als der Gesamtmarkt
- hohe Ausgabeaufschläge
- hohe Fixkosten, die unabhängig von der Rendite sind

7.2.3 Passive Fonds / Indexfonds

Indexfonds, auch passive Fonds genannt, bilden den Wert eines Index ab. Steigt der Wert des Index um 10%, steigt auch der Wert des entsprechenden Indexfonds um ungefähr 10%. Durch die Abbildung des Index entstehen Transaktionskosten, deshalb ist der Anstieg des Indexfonds nicht exakt 10% und außerdem erfolgen Anpassungen nicht immer in Echtzeit.

Bei Indexfonds sucht niemand aktiv die einzelnen Vermögenswerte regelmäßig neu aus und sie werden deshalb auch passive Fonds genannt. Indexfonds versuchen auch nicht, einen Markt oder andere Anleger in der Performance zu schlagen, was ohnehin nur selten gelingt, sondern sie bilden nur einen bestimmten wirtschaftlichen Sektor in seiner gesamten Entwicklung ab. Ein passiver Indexfonds kauft beispielsweise alle Aktientitel, die in diesem Index enthalten sind, und bildet somit dessen Wertentwicklung ab. Da hier niemand eine spezielle Strategie ausarbeiten muss oder die Einzeltitel analysiert, sind die anfallenden Gebühren geringer im Vergleich zu aktiv gemanagten Fonds. Das Besondere daran ist, dass, obwohl hier niemand versucht, besser als der Markt zu sein, die Rendite doch oftmals überdurchschnittlich ist.

Die Beliebtheit von Indexfonds steigt auch in Deutschland seit einigen Jahren weiter an. Da die Finanzbranche jedoch wenig an passiven Anlegern verdienen kann, da die Berater keine Provisionen erhalten und die Broker nicht an den Transaktionsgebühren verdienen, wird die breite Masse der Anleger wohl weiter in aktive Fonds und andere Vermögenswerte investieren. Es liegt nur selten im Interesse der Finanzbranche, Ihnen derartige Produkte zu verkaufen. Der Kauf und Verkauf von klassischen passiven Indexfonds erfolgt über Ihre Hausbank oder aber entsprechende Online/Direktbanken, bei denen Sie Ihr Depot führen. Was Indizes sind und welche wichtigen es gibt, haben Sie ja bereits erfahren.

Börsengehandelte Indexfonds (ETF - Exchange Traded Fund)

Börsengehandelte Indexfonds (auch ETF genannt) sind identisch zu den passiv gemanagten Indexfonds mit dem Unterschied, dass sie wie Aktien an der Börse gehandelt werden. Sie können also jederzeit gekauft und verkauft werden, wenn die entsprechende Börse geöffnet hat. An der Frankfurter Börse können mittlerweile über 1.000 verschiedene ETFs gehandelt werden und sie machen über 90% des in Deutschland in Indexfonds investierten Kapitals aus.

In den Gebühren unterscheiden sie sich heutzutage kaum noch von klassischen Indexfonds. Beim Kauf von ETFs fallen Broker-Kommissionen an, die ungefähr dem entsprechen, was Sie auch beim Kauf eines nicht an der Börse gehandelten Fonds bezahlen würden. Die Gesamtkostenquote entspricht ungefähr 0,5% jährlich, ähnlich wie bei den nicht börsengehandelten Indexfonds.

Durch den Handel an der Börse haben Sie jedoch verschiedene andere Möglichkeiten. Ihr Geld ist auch innerhalb des Tages verfügbar, da Sie Ihren ETF theoretisch jederzeit verkaufen können, genau wie eine Aktie. Ebenfalls wie bei Aktien können Sie auch verschiedene Ordertypen beim Kauf verwenden. Während Sie einen „normalen" Fonds immer als Market-Order (Kauf zum aktuellen Kurspreis) erwerben, können Sie beim ETF-Handel auch automatisch beim Erreichen bestimmter Preisgrenzen kaufen/verkaufen. Also wenn der Kurs des ETFs um 5% gefallen ist, wird er automatisch verkauft, oder wenn der Kurs um 5% gestiegen ist, kaufen Sie automatisch nach.

Ein weiterer Unterschied ist, dass ETFs auch Hebelprodukte sein können, das heißt, Sie müssen nicht den gesamten Betrag einzahlen, sondern hinterlegen wie im vorherigen Abschnitt über Hebelprodukte bereits erläutert, nur eine Sicherheitsleistung.

Während bei nicht börsengehandelten Indexfonds der Kurs nur einmal täglich festgestellt wird und der Kauf- bzw. Verkaufszeitpunkt nicht exakt von Ihnen bestimmt werden kann, können Sie an der Börse in Echtzeit kaufen, verkaufen und den aktuellen Kurswert einsehen. Für die hier im Buch vorgestellte langfristige Anlage ist das jedoch zu vernachlässigen. Ebenso zu vernachlässigen ist die Möglichkeit von Leerverkäufen/Short Selling bei börsengehandelten ETFs. Dies ermöglicht es Ihnen, auch von fallenden Kursen zu profitieren, und ist aber für die hier vorgestellte Strategie nicht relevant.

Funktionsweise von Indexfonds und ETFs

Indexfonds bilden einen Index ab. Im einfachsten Falle kaufen diese Fonds dazu einfach alle im Index enthaltenen Aktien zu den jeweiligen Anteilen wie sie im Index gewichtet sind. Diese Methode wird auch Full Replication genannt.

Ein DAX-Indexfonds würde also Aktien der 30 im DAX vertretenen Firmen entsprechend ihrer Gewichtung im DAX kaufen. Dieser Kauf und Verkauf von Aktien führt jedoch auch zu Gebühren, die entsprechend auf die Anleger umgelegt werden. Außerdem kaufen die ETF-Anbieter nicht immer in Echtzeit sämtliche Indexänderungen, um Transaktionsgebühren zu sparen. So entsteht eine Differenz aus der Performance des Index und dem abbildenden Indexfonds, welche auch Tracking-Error (aus dem Englischen „tracken“, was so viel wie „folgen“ bedeutet) genannt wird. Der Tracking-Error bezeichnet also die Differenz aus Indexwert und dem abbildenden ETF.

Beim DAX mit 30 Titeln ist die Full Replication noch kein so großes Problem, aber wenn Sie beispielsweise global diversifizieren möchten und einen Indexfonds des MSCI World kaufen wollen, sieht die Sache schon anders aus. Der MSCI World enthält über 1.600 Aktien aus mehr als 23 verschiedenen Ländern, um so möglichst umfassend die globale Entwicklung der Aktienmärkte abzudecken. Gerade bei so vielen Werten, häufigen Transaktionen und illiquiden Aktien (selten gehandelte Aktien) steigen die Transaktionskosten stark an.

Als Lösung für dieses Problem gibt es zwei Ansätze – die Sampling-Methode, bei der nur einige der Aktien beispielhaft gekauft werden, und die Swap-Methode, bei der die Aktien nicht physisch gekauft, sondern die Wertentwicklung des Index über ein Swap-Geschäft abgebildet wird.

Die Sampling-Methode (auch Teilreplikation genannt) kauft die Aktien ebenfalls und zählt deshalb mit der Full-Replication-Methode zu den sogenannten physischen Replikationsmethoden. Für die Anleger macht es kaum einen Unterschied, da in beiden Fällen der Index abgebildet wird und die Aktien real gekauft werden. Durch geschickte Auswahl beim Sampling werden jedoch die Transaktionskosten reduziert, wodurch der Indexfonds billiger angeboten werden kann. Die Sampling-Methode kauft dazu einfach die Aktien mit der größten Gewichtung im Index, diese werden oft gehandelt und können so zu günstigeren Konditionen erworben werden. Außerdem beeinflussen sie den Index durch ihre hohe Gewichtung am meisten. Die kleineren Aktien haben oftmals kaum noch einen Einfluss auf einen Index.

Bei der Swap-Methode kauft der Fondsanbieter nicht die Aktien des Index, sondern kauft ein sogenanntes Basisportfolio an Aktien, welches möglichst niedrige Transaktionskosten hat. Anschließend wird mit einem Swap-Partner ein Vertrag geschlossen, welcher Ausgleichszahlungen definiert. Der Fondsanbieter kauft also einen Aktienkorb und der Vertragspartner, meist eine Bank, verpflichtet sich, die Differenz der Wertentwicklung dieses Aktienkorbes zum Index zu bezahlen. Verdient der Aktienkorb mehr als der Index, zahlt der Fondsanbieter an die Swap-Partner-Bank, und wenn der Index besser abschneidet, erhält der Fondsanbieter den Differenzbetrag. Der Fondsanbieter handelt meist aktiv mit diesem Aktienkorb und versucht so, den Index zu schlagen, was in dem Fall für den Fondsanbieter jedoch risikolos ist, da eventuelle Verluste von der Swap-Partner-Bank beglichen werden.

Vom Wert her spielt dies also für den Anleger ebenfalls keine Rolle, da die Wertentwicklung des Index trotzdem abgebildet wird. Da swappende ETFs keine Dividenden ausschütten, kann es sogar steuerlich vorteilhaft sein. Analog zum Index zählt hier nur die Kursentwicklung. Ein Unterschied liegt im sogenannten Kontrahentenrisiko. Wenn die Partnerbank jetzt beispielsweise zahlungsunfähig wäre, wären lediglich noch die Aktien, die aber nicht den Index abbilden, im Sondervermögen des Fonds-Anbieters vorhanden. Wenn der Aktienkorb zu diesem Zeitpunkt weniger wert ist als der Index, besteht also die Gefahr eines Verlustes. Dieses Risiko ist aber gesetzlich auf 10% des Fondsvermögens begrenzt (UCITS-Regularie der EU). Da die meisten Fonds-Anbieter mehrere Swap-Partner haben und aus anderen praktischen Gründen ist das Risiko in der Praxis aber noch geringer. Außerdem gibt es zusätzlich noch funded Swap ETFs, bei denen der Swap-Partner Wertpapiere mit guter Bonität als zusätzliche Sicherheit hinterlegt und so das Risiko noch weiter reduziert.

Mit diesen komplizierten Verfahren haben Sie als Anleger jedoch nichts zu tun, das erledigt der Anbieter des Fonds für Sie, welcher durch die geringeren Transaktionsgebühren den Fonds zu niedrigeren Kosten anbieten kann. Wenn Sie die realen Kosten vergleichen, werden Sie jedoch feststellen, dass dies nicht zwangsläufig der Fall ist. Außerdem verringert sich die Transparenz des Fonds, da das Basisportfolio nicht immer bekannt ist. Da die Aktien nicht physisch gekauft werden, bezeichnet man die Swap-Methode auch als synthetische Replikationsmethode. Diese

Swap-Geschäfte sind eines der häufigsten Gegenargumente für ETFs, gerade in Krisenzeiten, wo die Pleite einer Bank nicht mehr so unwahrscheinlich scheint. Es ist aber seitdem die ersten Swap-ETFs angeboten werden und auch in der Finanzkrise 2008/2009 kein Fall bekannt, wo es zu einem Schaden seitens der Anleger durch diese Swap-Methode kam.

Eine zweite Art von Swap-Geschäft ist die sogenannte Wertpapierleihe, die alle Arten von Fonds durchführen können. Egal ob physisch oder synthetisch repliziert, die Fonds-Gesellschaft besitzt ein eigenes Aktienportfolio. Um die Rendite dieses Portfolios zu erhöhen, werden oftmals bis zu 99% der Aktien an andere Geldinstitute ausgeliehen, beispielsweise für Leerverkäufe. Hierdurch entsteht ebenfalls wieder ein geringes Kontrahentenrisiko, wenn der Swap-Partner, der die Wertpapiere ausgeliehen hat, diese nicht zurückgeben kann. Dieses Risiko ist aber aufgrund strenger Reglementierungen sehr gering. Praktisch hatten diese Risiken bisher keine Auswirkungen und sie sind auch weitaus geringer als die Wahrscheinlichkeit eines Aktien-Crashes, des Zusammenbruchs anderer einzelner Märkte oder des Fehlverhaltens beim aktiven Handeln. Aber da diese in einigen Medien und von einigen Kritikern oftmals angeführt werden, sind sie an dieser Stelle der Vollständigkeit halber erwähnt. Die genaue Quote für die Wertpapierleihe und Details wie die Replizierungsmethode finden Sie jeweils im Kleingedruckten des ETF-Anbieters.

Indexfonds oder ETFs haben aufgrund der angesprochenen zusätzlichen Risiken nicht das gleiche Risikoprofil wie der Index selbst und es fallen zusätzliche Gebühren an, um den Index abzubilden. Trotzdem sind Indexfonds und ETFs das Mittel der Wahl für passive

Investmentstrategien, da sie aufgrund ihrer geringen Gebühren und breiten Diversifikation sich sehr gut für langfristige risikoarme Strategien eignen.

Gebühren

- Ausgabeaufschlag (ca. die Hälfte von vergleichbaren aktiven Fonds) bzw. Kaufgebühren beim ETF
- teilweise Ordergebühren bzw. Kommissionen
- Depotgebühren und Kosten für Wertpapiertransaktionen analog zu den aktiven Fonds
- Verwaltungsgebühren (ca. 0,2–0,5% des Depotwertes)
- niedrigere Steuerbelastung, da Gewinne nicht so oft realisiert werden

Vorteile

- geringere Gebühren
- geringer Verwaltungsaufwand, da die Auswahl einzelner Aktientitel entfällt
- geringeres Risiko durch Diversifikation
- geringere Gebühren, da keine Einzeltitel gekauft werden müssen und weniger Transaktionen anfallen
- flexible Laufzeiten
- Sie konkurrieren nicht direkt mit professionellen Anlegern
- einfache regelmäßige Einzahlungen und Sparpläne

- hohe Transparenz, da Sie meist wissen, worin der Fonds investiert ist

Nachteile

- Renditechancen theoretisch geringer als bei einzelnen Aktien
- gelten als langweiliges Investmentprodukt

7.2.4 Lebenszyklus-Fonds

Lebenszyklus-Fonds sind eine relativ neue Idee und kamen ungefähr 2004 auch nach Deutschland. Während sie sich in den USA größerer Beliebtheit erfreuen, konnten sie sich in Deutschland jedoch nie richtig durchsetzen und wurden teilweise sogar schon wieder eingestellt.

Die Grundidee ist die eines Laufzeitfonds, also Geld wird einmalig während der Zeichnungsfrist oder regelmäßig eingezahlt und zu einem bestimmten Datum ausgezahlt. Die sinnvolle Laufzeit beträgt dabei meist 15 Jahre oder mehr. Wenn Sie beispielsweise mit 50 Jahren in den Ruhestand gehen wollen, können Sie das Datum Ihres Ruhestandes als Auszahlungsdatum wählen und bis dahin Geld ansparen. Diese Fonds kümmern sich dann um den Rest, kaufen, verkaufen und passen die Risikostruktur entsprechend der Restlaufzeit an. Wenn Sie also gerade erst anfangen, hat der Fonds Vermögenswerte mit höherem Risiko wie Aktien im Portfolio und gegen Laufzeitende werden die Risiken entsprechend reduziert und in risikoärmere Vermögenswerte wie Anleihen oder Staatsanleihen investiert. Das hat den Vorteil, dass, wenn Sie bereits im jungen Alter mit dem Sparen anfangen, die Risiken eher noch tolerierbar sind, falls es zu einem Aktien-Crash beispielsweise kommt, aber im Alter, wenn die Risikotoleranz sinkt, Sie hoffentlich keine großen Schwankungen mehr erleben müssen.

Sie als Investor müssen sich darum jedoch nicht kümmern, da der Fondsanbieter diese Anpassungen des Risikos für Sie übernimmt. Grundsätzlich also erst einmal eine gute Sache, wenn das Angebot entsprechend ist. Die meisten Finanzberater, die auf Provisionsbasis bezahlt werden, werden Ihnen natürlich derartige Fonds nicht vorschlagen, da sie dann nur einmalig an Ihnen verdienen würden und die nächsten 15 Jahre oder länger nichts weiter verkaufen könnten. Dies könnte mit einer der Gründe sein, warum sich diese Form der Anlage in Deutschland bisher nicht durchsetzen konnte, da hier die meisten Finanzberater vom Verkauf von neuen Produkten leben.

Aber Lebenszyklus-Fonds haben auch Nachteile. Gegenüber den passiv gemanagten Indexfonds beispielsweise sind die Gebühren etwas höher, Sie können keinen Einfluss auf die genaue Verteilung nehmen, Sie binden sich für sehr lange Zeit und es gibt auch keine staatlichen Förderungen. Gerade in Deutschland ist die staatliche Förderung ein Anreiz, der viele Anleger oft andere Möglichkeiten übersehen lässt. Die Gebührenstruktur ist bei den einzelnen Fonds jeweils recht ähnlich, zwischen 1% und 1,5% fallen jährlich als Verwaltungsgebühr an und auch in Risikoverteilung und Wertentwicklung unterscheiden sich die angebotenen Produkte kaum. Sollten Sie sich für einen Lebenszyklus-Fonds entscheiden, sollten Sie darauf achten, dass Sie zu einem möglichst großen Anbieter gehen, da dies die Wahrscheinlichkeit erhöht, dass der Fonds während der gesamten Laufzeit bestehen bleibt und außerdem, dass die

Risikoverteilung Ihren Vorstellungen entspricht.

7.2.5 Rentenfonds

Ein Rentenfonds ist ein Fonds, der ausschließlich oder überwiegend in festverzinsliche Wertpapiere (Anleihen) investiert. Rentenfonds gelten häufig als besonders sichere Anlage, aber wenn Sie diese Sicherheit wünschen, ist es immer sinnvoller, direkt in die entsprechenden Staatsanleihen beispielsweise zu investieren. Sie sparen so teure Ausgabeaufschläge und Verwaltungsgebühren. Rentenfonds haben außerdem ein Zinsrisiko. Ein Rentenfonds profitiert in Zeiten fallender Zinsen und verliert in der Regel, wenn die Zinsen wieder steigen.

7.2.6 Hedgefonds

Hedgefonds sind wie normale aktiv gemanagte Fonds aktiv betreut, jedoch mit dem Unterschied, dass Sie hinsichtlich Ihrer Investments viel weniger reglementiert sind. Der Fokus von Hedgefonds liegt eher auf Hebelprodukten und Derivaten als Vermögenswerten. Für die meisten Privatanleger sind sie aufgrund der deutlich höheren Gebühren und der hohen Mindestkapitaleinlage uninteressant. Aber auch hinsichtlich der Rendite sind sie keinesfalls nachweislich besser als vergleichbare passive Anlagestrategien und werden daher in diesem Buch auch nicht weiter behandelt.

7.2.7 Dachfonds

Ein Dachfonds ist ein Fonds, der mehrere Fonds „unter einem Dach“ bündelt. Er investiert also nicht direkt in Vermögenswerte, sondern in andere Fonds. Hierzu gibt es nur zu sagen, dass Sie von Dachfonds jeglicher Art die Finger lassen sollten. Normale aktiv gemanagte Fonds schneiden gegenüber den passiven Alternativen schon schlecht ab und jetzt verdoppeln sich durch die Konstruktion als Dachfonds die Managementgebühren und Transaktionskosten und die Rendite verschlechtert sich noch weiter.

8 Risiko, Rendite und Gewinn

Die notwendige Theorie ist jetzt soweit bekannt. Die Vermögenswerte klar und auch, was Indexfonds und ETFs sind. Einen wichtigen Punkt gibt es noch zu klären: Wie hängen Risiko und Rendite zusammen? Der grundsätzliche Zusammenhang ist: Je höher das Risiko, desto höher der Gewinn (die Rendite).

Eine Rendite hat nicht, wie häufig angenommen, mit dem erwarteten Gewinn zu tun, sondern mit dem Risiko, welches Sie als Anleger tragen. Eine Rendite können Sie sozusagen als Risikoprämie betrachten und das Risiko ist immer, dass Sie keinen Gewinn oder gar Verluste erwirtschaften.

Zwei Grundsätze sollten Sie zum Thema Risiko immer im Hinterkopf behalten:

1. Es gibt keine garantierte positive Rendite in keiner Anlageklasse und bei keinem Vermögenswert, die zu 100% sicher ist.

2. Risiko bezieht sich immer auf die Zukunft und kann nicht mit historischen Daten vorhergesagt werden.

Sie haben ja nun bereits einiges über Vermögenswerte erfahren. Staatsanleihen in wirtschaftlich stabilen Ländern liegen teilweise sogar bei einer negativen Rendite und erzielen gar keinen Gewinn mehr, während Aktien immer noch mehrere Prozente im Schnitt pro Jahr erzielen. Jedoch ist das Risiko, dass eine einzelne Firma pleitegeht, auch wesentlich höher, als das Risiko, dass ein ganzer Staat pleitegeht. Ein höheres Risiko bringt also einen höheren Gewinn, aber es heißt nicht ohne Grund Risiko. Das Tagesgeldkonto bringt 0,5% Zinsen, dafür ist es relativ sicher. Eine Aktie kann sich innerhalb eines Jahres im Wert verdoppeln, aber Sie können auch alles verlieren!

Diese Risiken werden gerade von Einsteigern häufig unterschätzt. Achten Sie deshalb immer darauf, Ihr Risiko zu verteilen. Erfahrungsgemäß ist es jedoch so, dass riskantere Investments auf mittel- bis langfristige Sicht die weniger riskanten Investments schlagen, das heißt, eine Gruppe von verschiedenen riskanten Vermögenswerten wird in der Regel immer die bessere Rendite erzielen im Vergleich zu einer Gruppe sicherer Investments.

Wenn Sie sich entscheiden, 100 verschiedene Aktien zu kaufen, werden Sie, selbst wenn eine der Firmen pleitegehen sollte, immer noch eine höhere Rendite erzielen als mit dem klassischen Tagesgeld oder mit Bundesanleihen. Es gilt jedoch immer, die unterschiedlichen Risikoklassen der Vermögenswerte zu beachten. Denn statistisch gesehen tendiert die Rendite in einer Risikoklasse immer zu einem Mittelwert. Das bedeutet, dass beispielsweise alle Standardaktien langfristig gesehen ungefähr die gleiche Rendite erzielen. Dies ist auch logisch, da, wenn ein Unternehmen wie Tesla mit den Elektroautos beispielsweise besonders erfolgreich ist, Konkurrenten ebenfalls in diesen Markt dringen und die Rendite sinken wird. Gleichzeitig sinkt damit das Risiko, da sich die Technologie etabliert. Auf der anderen Seite, wenn ein Marktbereich besonders schlechte Renditen erzielt, werden

Teilnehmer den Markt verlassen, was zu weniger Konkurrenz führt und somit die Rendite der verbleibenden Unternehmen erhöht. Dieser Effekt gilt jedoch nur langfristig ab einem Zeitraum von ungefähr 5 Jahren, kurzfristiger können einzelne Aktien immer deutlich bessere oder schlechtere Renditen erzielen.

9 Finanzberater

Bevor es an die Praxis und die Strategie geht, noch ein paar Worte zum Thema Finanzberater. Insbesondere Einsteiger stehen oft vor der Frage, ob sie einen Finanzberater benötigen oder nicht. Grundsätzlich ist es eine gute Sache, sich den Rat eines gut informierten unabhängigen Experten einzuholen. Entscheidend ist dabei jedoch „gut informiert“ und „unabhängig“. Wenn der Experte diese Kriterien nicht erfüllt, kann dies auch ein teurer Weg in den Ruin sein, an dem der sogenannte Finanzberater sogar noch verdient, während Sie Verluste machen. Ob ein Finanzberater diese beiden Kriterien erfüllt, ist wiederum für Laien von außen nicht immer sofort ersichtlich.

Aber die gute Nachricht ist, dass Sie in den meisten Fällen auch keinen Finanzberater benötigen. Mit etwas Motivation und Zeit können Sie sich soweit in das Thema einarbeiten, dass Sie in der Lage sind, Ihre Finanzen selbst zu verwalten.

Gerade in jüngeren Jahren, wo die Größe Ihres Portfolios oftmals noch klein ist, sind eventuelle Fehler, die Sie begehen, auch nicht so kostspielig, und mit den Jahren sammeln Sie nicht nur Vermögen an, sondern auch die entsprechenden Erfahrungen, dieses zu verwalten. Wenn Sie jedoch bereits im gehobenen Alter sind oder aber durch besondere Umstände kurzfristig zu einem Vermögen gekommen sind, kann es durchaus sinnvoll sein, einen kompetenten Berater an Ihre Seite zu holen, der Ihnen dabei hilft, die wichtigsten

Fehler zu vermeiden.

9.1 Wie unabhängig sind Finanzberater?

Dazu sehen wir uns einmal an, wie Finanzberater bezahlt werden. Die drei häufigsten Modelle der Bezahlung sind auf Provisionsbasis, auf Honorarbasis oder auf Basis von prozentualen Gebühren. Jedes dieser Bezahlmodelle hat Vor- und Nachteile.

Berater, die auf Provisionsbasis bezahlt werden, erhalten immer, wenn sie Ihnen ein Finanzprodukt verkaufen, eine Provision, beispielsweise vom Ausgabeaufschlag eines Fonds. Diese Berater sind in der Regel deutlich günstiger oder kostenlos, aber mit dem Nachteil, dass es auch zu einem Interessenskonflikt zwischen ihren Kunden und ihrem Einkommen kommen kann. Im Interesse dieser Berater ist es nicht immer, das beste Produkt zu verkaufen, sondern jenes, das die höchsten Provisionen bietet. Da es häufig auf die teuersten Produkte die höchsten Provisionen gibt, haben diese Berater also einen gewissen Anreiz, Ihnen das teuerste Produkt zu verkaufen. Berater auf Provisionsbasis sind also viel mehr Verkäufer als Berater. Das heißt nicht, dass alle Produkte, die Ihnen empfohlen werden, schlecht sind, oder dass alle Berater lediglich aufs Geld sehen, aber der Anreiz ist hoch. Genauso ist es mit den Verkaufsprovisionen und Transaktionsgebühren. Wenn der Berater an diesen mitverdient, ist es in seinem Interesse, dass Sie möglichst viele Transaktionen durchführen, was jedoch wie bereits dargestellt oftmals nicht in Ihrem Interesse ist.

Die zweite Option sind Finanzberater auf Honorarbasis. Diese sind unabhängiger, kosten jedoch oftmals gerade für Einsteiger relativ viel Geld und sind somit nur eine Alternative, wenn bereits ein gewisses Vermögen vorhanden ist. Für einen guten Finanzberater auf Honorarbasis müssen Sie mit mindestens 100–200 Euro pro Stunde rechnen. Trotzdem ist dies in den meisten Fällen die beste Wahl, wenn Sie sich für einen Berater entscheiden, und kann ein sehr gutes Investment in Ihre Zukunft darstellen. Für einen Rechtsanwalt oder Steuerberater geben Sie ja auch entsprechend Geld aus, warum sollte also Finanzberatung kostenlos sein? Wenn Sie einen guten Berater erwischen, kann Ihnen dies langfristig viel mehr einbringen als die einmaligen Kosten.

Die dritte Option sind die Berater, die regelmäßige Gebühren verlangen. Diese werden jedoch oftmals nicht erfolgsorientiert ausgezahlt, sondern fallen immer an und werden anteilig in der Höhe des zu verwaltenden Vermögens berechnet. Wenn Sie dann jährlich 1% Ihres Vermögens für den Berater ausgeben, kann so über einen längeren Zeitraum schon eine beträchtliche Summe zusammenkommen.

Mit passiven Fonds sparen Sie sich diese Gebühren und können mit einem minimalen Einsatz an Zeit und Geld maximal profitieren. Sie benötigen also auch keinen Berater. Wenn Sie sich dennoch für einen Finanzberater entscheiden, sollten Sie auch realistische Erwartungen haben. Ein Finanzberater, der Ihnen hohe Renditen garantiert oder unrealistische Versprechungen macht appelliert an die Gier der Anleger. Dies ist aber auch ein Punkt, den Sie selbst unmittelbar beeinflussen können. Seien Sie nicht gierig und erwarten Sie auch keine Wunder von Ihrem Finanzberater.

Ein guter Tipp noch zum Abschluss des Abschnitts, wenden Sie sich an die kostenlosen Verbraucherzentralen. Diese können Sie unabhängig und kostenlos beraten.

10 Die Strategie

Nachdem die Grundlagen nun geklärt sind, kommen wir zur Strategie des passiven Investierens. In diesem Abschnitt werden verschiedene Aspekte und Überlegungen zu dieser Strategie vorgestellt, bevor es dann im nächsten Abschnitt um die konkrete Umsetzung geht.

10.1 Buy-and-Hold

Die Grundzüge der Strategie sind einfach - Kaufen und Abwarten (englisch: Buy-and-Hold). Ihre gesamte Investmenttätigkeit besteht dabei aus folgenden vier Schritten:

1. Kaufen / Anlegen
2. Abwarten
3. ggf. Neuverteilung der Vermögenswerte / Investment erhöhen
4. ggf. Verkaufen

Der Erfolg dieser Strategie beruht dabei auf zwei entscheidenden Prinzipien:

- Kostenminimierung
- Diversifikation

Diese Strategie wird häufig auch Buy-and-Hold-Strategie genannt, aus dem Englischen für kaufen und halten, was nichts weiter bedeutet, als dass Sie einmalig in Vermögenswerte investieren und diese dann langfristig halten. Sie kaufen oder verkaufen praktisch nur, wenn Sie das Geld für größere Ausgaben benötigen, mit dem Investieren aufhören, weil Sie beispielsweise in den Ruhestand eintreten, Sie Ihr Portfolio vergrößern oder wenn sich Ihre Anlageziele geändert haben.

Einer der wenigen Bereiche im Leben, wo sich nicht harte Arbeit auszahlt, sondern Abwarten und Nichtstun. Das ist aber wohl auch einer der Gründe, warum einige Anleger immer noch so große Probleme damit haben. Besonders in unklaren Zeiten fühlen wir uns einfach besser, wenn wir irgendetwas unternommen haben. Dann können wir wenigstens sagen, wir haben es versucht. Manchmal ist es jedoch klüger, abzuwarten und nichts zu tun, als überstürzt in eine Richtung zu laufen, die womöglich die falsche ist. Auch wenn diese Strategie zunächst wenig unterhaltsam klingt, Ihre Finanzen werden es Ihnen danken.

Nachfolgend werden noch einige weitere wichtige Überlegungen zu dieser Strategie ausgeführt.

10.2 Persönliche finanzielle Situation

Die persönliche finanzielle Situation ist das wichtigste Kriterium für die Aufteilung Ihres Portfolios und für Ihre Investmententscheidungen maßgeblich. Bevor Sie jedoch ans Investieren oder an weitere Investments denken, sollten Sie immer vorhandene Schulden, die

Sie eventuell haben, abbauen. Ausnahme sind sehr langfristige Kredite oder wenn eine Vorfälligkeitsentschädigung eine Ablösung des Kredites unwirtschaftlich machen würde.

Der erste Faktor ist das verfügbare monatliche Nettoeinkommen. Die Höhe ist dabei nicht entscheidend, sondern, wie viel davon verfügbar ist. Ein Student, der 1.000 Euro netto im Monat zur Verfügung hat und mit nur 500 Euro seine Kosten komplett decken kann, hat 500 Euro zur freien Verfügung. Es gibt aber auch Leute, die monatlich über 100.000 Euro zur Verfügung haben und trotzdem aufgrund eines sehr kostspieligen Lebensstiles verschuldet sind. Selbst wenn es nur 25 oder 50 Euro im Monat sind, die Sie derzeit zur Verfügung haben, können Sie bereits mit dem investieren beginnen.

Einfach gesagt: Je mehr Geld Sie übrig haben und je sicherer diese Einnahmen sind, desto mehr können Sie auch riskieren.

Eine weitere Überlegung ist noch, über welches weitere Vermögen Sie verfügen und wie lange Sie notfalls, wenn Ihr Einkommen wegfallen würde, von Ihrem Vermögen leben könnten. Empfehlenswert wäre es, mindestens 6–12 Monatseinkommen als Barbestand vorzuhalten, damit im Ernstfall, falls beispielsweise das Haupteinkommen wegfällt, in Ruhe nach neuen Einkommensquellen gesucht werden kann. Dies sind aber alles Überlegungen, die sehr individuell sind und selbständig durchgeführt werden müssen.

Nehmen Sie sich bevor Sie mit dem Investieren beginnen hierfür Zeit und erstellen Sie einen persönlichen Finanz- und Budgetplan

10.3 Gute und schlechte Strategien

Es gibt vermutlich hunderte Strategien, von denen jede für sich in Anspruch nimmt, gut zu sein. Zunächst müssen Sie sich als passiver Buy-and-Hold-Investor über diese Strategien keine Gedanken machen. Grundsätzlich ist es auch so, dass in informationseffizienten Märkten, in denen alle Informationen und Transaktionen für alle einsehbar sind, funktionierende Strategien sich mit dem Bekanntwerden selbst unwirksam machen würden. Es gibt also keine öffentlich bekannte Strategie, die nachweislich den Markt dauerhaft langfristig schlägt. Für kurz- und mittelfristige Handelsintervalle sieht das anders aus, aber das ist nicht Thema dieses Buches.

Weiterhin ist der Zusammenhang zwischen Ergebnis und Strategie insbesondere bei Börsentransaktionen aufgrund der vielen Einflussfaktoren nicht sichtbar oder vorhersagbar. Daraus folgt, dass eine gute Strategie durchaus auch ein schlechtes Ergebnis in Form einer negativen Rendite erzielen kann, weil die externen Marktbedingungen dementsprechend sind. Ob das Ergebnis jetzt aber an den Marktbedingungen oder an der Strategie liegt, lässt sich nicht immer zuverlässig sagen. Das gilt für alle längerfristigen Strategien und Marktbedingungen.

Eine gute Strategie sollte auf jeden Fall einfach umzusetzen sein, Sie sollten damit kostspielige Fehler vermeiden können, und sie sollte nachvollziehbar sein in allen Entscheidungen.

10.4 Aktiv oder passiv investieren?

Dies ist eine oftmals diskutierte Frage, deren öffentliches Meinungsbild überwiegend durch die Vertreter der Finanzbranche geprägt ist, welche an den aktiven Fonds und Investmentstrategien verdienen.

Unabhängige Studien wie die SPIVA der S&P zeigen jedoch deutliche Ergebnisse, welche für die meisten Anleger gegen eine aktive Investmentstrategie sprechen. Sei es, dass Sie selbst aktiv investieren oder dies über einen aktiv gemanagten Fonds tun. Der Hauptgrund sind die Kosten, welche später in einem eigenen Punkt noch einmal ausführlicher betrachtet werden.

Dazu muss man noch bedenken, dass die tatsächlich erzielte Rendite vieler Anleger oftmals noch viel geringer ist, als die ausgewiesene Rendite der aktiven Fonds. Das liegt unter anderem daran, dass die meisten Anleger mit dem Trend einsteigen. Wenn eine große Börsenzeitung großflächige Anzeigen eines aktuellen Überflieger-Fonds verbreitet, haben die meisten Teilnehmer, die jetzt noch in diesen Fonds einsteigen, die großen Gewinne bereits verpasst! Dies ist ein ganz wichtiger Punkt, denn nach jedem Hoch an der Börse kommt auch irgendwann ein Tief, die sogenannte Korrektur, und diese kann die reale Rendite vieler Anleger tief in die roten Zahlen treiben. Hier nochmals der Hinweis: Die historische Performance eines Investments lässt keine Rückschlüsse auf die zukünftigen Wertentwicklungen zu.

In vielen Bereichen zählt Erfahrung. Der Taxifahrer, der schon über zehn Jahre unfallfrei durch die Stadt fährt, wird Sie auch heute wahrscheinlich sicher ans Ziel bringen. Dem Koch, der zehn Jahre Küchenerfahrung hat, wird wahrscheinlich auch heute ein gutes Essen gelingen. In der Finanzbranche und beim aktiven Anlegen gilt dieses Erfahrungskonzept jedoch größtenteils nicht. Ein Fondsmanager, der im letzten Jahr eine gute Rendite erzielt hat, ist nicht unbedingt in der Lage, dieses Ergebnis zu wiederholen.

Ein weiteres Argument gegen aktive Fonds ist die Mathematik. Technisch gesehen ist die durchschnittliche Rendite aller aktiv gemanagten Fonds identisch zu der durchschnittlichen Rendite aller passiv gemanagten Fonds, da diese ja den Gesamtmarkt bilden und die passiven Indexfonds diesen lediglich wiedergeben. Jetzt müssen bei den aktiv gemanagten Fonds aber noch die Kosten berücksichtigt werden, wodurch diese mathematisch gesehen im Durchschnitt immer verlieren.

Es ist mathematisch auch zwingend notwendig, dass mindestens 50% aller investierten Gelder schlechter abschneiden als der Gesamtmarkt. Selbst wenn Sie innerhalb kürzester Zeit zum Starinvestor wie Warren Buffet werden, muss es auf der Gegenseite jemanden geben, der entsprechend verliert. Das liegt daran, dass die Börse, bezogen auf die Rendite, ein sogenanntes Nullsummenspiel ist. Ein mathematischer Begriff aus der Spieltheorie, bei dem der theoretische Gesamtgewinn aller Teilnehmer begrenzt ist. Man kann also nur das an Rendite erzielen, was ein anderer verliert. Also auch wenn Sie all Ihr Geld verlieren sollten, ist es ja nicht weg, es hat nur ein anderer. Ob Sie diese Einsicht im Ernstfall jedoch beruhigt, ist anzuzweifeln.

Von daher sollten Sie hier auf die Statistik vertrauen und nicht gegen den Gesamtmarkt wetten, wenn Sie nicht genau wissen, was Sie da tun. Den Markt zu schlagen erfordert auch immer ein höheres Risiko und mehr Transaktionen, was wiederum die Gebühren aktiver Investments erhöht. Die einzigen, die also bei aktiven Investments immer gewinnen, sind die Banken und Berater, die diese Gebühren von Ihnen kassieren.

Ein weiteres Argument für passive Indexfonds ist die sogenannte Theorie der effizienten Märkte (EMT - Efficient Market Theory). Diese besagt, dass ein effizienter Markt, wie es die Börse ist, mit den öffentlich zugänglichen Informationen auf Dauer nicht geschlagen werden kann, weil alle bekannten Informationen bereits im Markt und dem aktuellen Wert eines Vermögenswertes eingepreist sind. Viele Märkte sind ineffizient wie beispielsweise der Gebrauchtwagenmarkt. Hier können Sie durch geschicktes Auswählen oder Verhandeln gegenüber den meisten Verkaufern einen Wissens- oder Preisvorsprung erreichen. Die Preise eines lokalen Autohändlers in Bayern sind einem Käufer, der auf einem Dorf in Mecklenburg wohnt, kaum bekannt. Die Börse ist jedoch ein absolut transparenter Markt, da jeder Marktteilnehmer jede Aktion, jeden Preis, jeden Wert und jeden Kursanstieg sofort mitbekommt.

Wenn also heute bereits die Quartalszahlen einer Firma vom nächsten Quartal bekannt wären, würden alle Anleger, die diese Informationen haben, bereits heute reagieren. Obwohl noch nicht offiziell veröffentlicht, wären diese Informationen sofort im aktuellen Kurs reflektiert. Das betrifft auch sämtliche Erwartungswerte und Kursprognosen. Der aktuelle Wert einer Aktie beispielsweise berücksichtigt auch immer bereits die zukünftigen Erwartungen für diese Aktie aller Marktteilnehmer. Für die meisten Börsengeschäfte erfolgt das Einpreisen von Informationen innerhalb weniger Minuten bis Stunden, je nach Relevanz der Information für den Kurs. Ein Kurs ist somit immer der aktuell beste Preis unter Berücksichtigung aller Informationen, Erwartungen und Prognosen.

Um in diesem Markt langfristig Erfolg zu haben, müssen Sie also über Informationen verfügen, die sonst keinem zugänglich sind, und selbst dann würde Ihr Handeln am Markt öffentlich sein und den Kurs entsprechend beeinflussen.

Diese Theorie ist jedoch besonders in der Finanzbranche heftig umstritten, weil sie zur Folge hätte, dass sämtliche Finanzberater, Depotverwalter und Fondsmanager ihren Job verlieren würden. Der Vollständigkeit halber sei sie hier an dieser Stelle jedoch trotzdem erwähnt, und es sei auch erwähnt, dass diese Theorie in Studien bisher eher bestätigt als widerlegt werden konnte.

Eine andere Sichtweise betrachtet die psychologische Komponente und irrationales Handeln von Marktteilnehmern. Gute Nachrichten werden zu gut aufgenommen und schlechte Nachrichten manchmal zu schlecht, das heißt, der aktuelle Kurs hat zwar alle Informationen eingepreist, reflektiert diese jedoch nicht immer angemessen.

Wenn sie mit möglichst geringem Aufwand risikoarm Vermögen aufbauen wollen oder privat für das Alter vorsorgen möchten, sind passive Anlagestrategien immer die bessere Wahl.

10.5 Einzelne Aktien kaufen?

Es gibt Leute wie Warren Buffet, die großen Wohlstand erlangt haben, indem sie Aktien von unterbewerteten Unternehmen gekauft und diese über eine sehr lange Zeit gehalten haben (auch Value-Investing genannt). Dies ist eine mögliche Strategie, die, wenn Sie die richtigen Aktien wählen, sehr erfolgversprechend ist.

Jedoch benötigen Sie dafür zum einen das notwendige Fachwissen, um die entsprechenden Aktien zu finden, und zum anderen ist das Risiko, wenn Sie auf einzelne Aktien Titel setzen, dementsprechend hoch. Wahrscheinlich gehört dann auch noch eine große Portion Glück dazu, oder kennen Sie mehr Namen als Warren Buffet, die in diesem Zusammenhang oft genannt werden? Einer unter Millionen von Anlegern kann statistisch gesehen auch purer Zufall oder Glück sein.

Grundsätzlich gibt es für die Auswahl von einzelnen Aktien zwei Ansätze: Der erste Ansatz ist anhand von Unternehmenskennzahlen und Nachrichten wie Kurs-Gewinn-Verhältnis (KGV), Kurs-Buchwert-Verhältnis, Dividenden, Wachstum, Bilanzen und vieles mehr. Dazu kommt noch das branchen- und trendspezifische Fachwissen.

Der zweite Ansatz ist die sogenannte technische Analyse. Hier versuchen Sie anhand von Kursinformationen und historischen Wertentwicklungen Muster im Kursverlauf zu erkennen und diese auszunutzen. Dazu gibt es hunderte verschiedener sogenannter Chartindikatoren, welche anhand mathematischer Formeln mögliche Kursentwicklungen prognostizieren.

Es gibt jedoch für keine dieser beiden Ansätze bestätigte öffentlich bekannte Strategien, die nachweislich langfristig funktionieren. Definitiv erzeugen diese Strategien aber zunächst mehr Transaktionsgebühren und ein höheres Risiko.

In der einfachsten Form des Investierens, wie sie Thema dieses Buches ist, setzen Sie deshalb nicht auf einzelne Aktien oder Vermögenswerte und müssen sich nicht weiter mit diesen Kennzahlen oder Indikatoren befassen, deren Nutzen oftmals ohnehin eher zweifelhaft ist. Sie reduzieren Ihr Risiko und den Zeitaufwand erheblich um den Preis, dass auch Ihre Renditechancen theoretisch sinken. Theoretisch deshalb, weil die meisten aktiven Anleger verlieren, Sie also mit der passiven Strategie in der Regel trotzdem eine höhere Rendite erzielen.

Neben dem Zeitaufwand und dem Risiko ist ein weiterer Grund, warum Sie einzelne Aktien meiden sollten: Immer wenn Sie eine Aktie kaufen oder verkaufen wollen, muss es auf der Gegenseite jemanden geben, der Ihnen die Aktie verkauft bzw. abkauft. Die meisten Marktteilnehmer sind professionelle Investoren, Fondsgesellschaften oder Großanleger, die einen erheblichen Aufwand in Markt und Aktienanalysen investieren und auch entsprechende Ressourcen zur Verfügung haben. Das sind Profis, die den ganzen Tag nichts anderes machen. Das sollten Sie immer bedenken, auch wenn Ihnen viele Finanzmagazine oder Anlageberater etwas anderes erzählen. Es ist nicht einfach, den Markt zu schlagen, und die meisten Anleger verlieren dabei. Gewinner sind die Magazine, Webseiten oder Berater, die Ihnen entsprechende Nachrichten oder Tipps verkaufen.

Besser ist es also, wenn Sie in entsprechende passive Fonds investieren.

Häufig nehmen Anleger auch an, dass ein gutes Unternehmen automatisch eine gute Aktie bzw. ein gutes Investment ist. Auch wenn dies grundsätzlich nicht falsch ist, gibt es hier das Problem, dass die guten

Kennzahlen des Unternehmens oftmals bereits im aktuellen Kurs eingepreist sind. Sie hätten also nur dann einen Vorteil, wenn der Großteil des Marktes diese Kennzahlen nicht kennen oder berücksichtigen würde. Gute Unternehmen, die in den letzten Jahren eine hohe Rendite erwirtschaftet haben oder aber eine positive Prognose für die Zukunft haben, sind auch dementsprechend teuer. Warren Buffet hat bei seinen Investments immer von Zigarrenstummeln gesprochen, Unternehmen, die der Öffentlichkeit nicht auffällig sind und deren Wert als zu niedrig eingeschätzt wurde. Die Wahrscheinlichkeit, dass Sie ohne sehr aufwendige Recherchen und umfangreiches Fachwissen diese Unternehmen in den etablierten Märkten der Industrieländer finden, ist jedoch sehr gering. Hier gilt immer das Problem, dass 100% Ihrer Informationen auf der Vergangenheit beruhen, während jedoch 100% des Wertes einer Aktie von der Zukunft abhängt, wie es der legendäre Fonds-Manager Bill Miller einst formulierte. Wenn Sie also Wert auf eine gute Rendite ohne viel Zeitaufwand legen, vermeiden Sie Aktien. Lediglich wenn Ihnen die Auswahl und Analyse von Aktien Spaß macht und Sie gern aktiver handeln, können Sie das zur Ergänzung natürlich trotzdem tun.

10.6 Indexfonds als Mittel für die Investmentstrategie

Nach den Vorüberlegungen zu den Themen aktiv oder passiv investieren und warum Sie keine einzelnen Aktien kaufen sollten, bleiben Indexfonds als Finanzprodukt der Wahl übrig. Sie eignen sich für die anvisierte Strategie eines möglichst passiven Investments am besten, da Sie die Investmentsumme an Ihre persönliche finanzielle Situation anpassen können und sie keine Auswahl einzelner Aktien erfordern. Im weiteren Verlauf der Überlegungen und beim Aufbau der Beispiel-Portfolios werden wir also hauptsächlich mit Indexfonds arbeiten.

10.7 Börsengehandelte Fonds (ETFs) oder klassische Indexfonds?

Dies ist eine häufige Frage für neue Investoren. Die Antwort in Kürze ist, dass es relativ egal ist, zumindest wird von dieser Entscheidung nicht Ihr langfristiger Erfolg abhängen, wenn Sie die hier vorgestellte Strategie anwenden.

Wenn Sie innerhalb des Tages kaufen bzw. verkaufen wollen, Fonds mit Hebel kaufen oder aber automatisiert bei bestimmten Kurswerten handeln wollen, sind Sie mit ETFs gut bedient. Wenn Ihnen diese Punkte nicht so wichtig sind und Sie mehr Wert auf einen regelmäßigen Sparplan legen oder gerne mit einem Bankberater sprechen, dann können die klassischen Indexfonds die bessere Wahl sein. Mittlerweile gibt es aber auch sparplanfähige ETFs, so dass es eigentlich kaum noch einen Grund gibt, diese nicht zu verwenden. Im Rahmen des Buches werden wir für das Beispiel-Portfolio ETFs verwenden. In erster Linie, weil diese leichter zu handhaben, flexibler und etwas transparenter sind.

10.8 Die Risikotoleranz

Risikotoleranz ist eines der wichtigsten Kriterien für die Aufteilung Ihres Portfolios und bedeutet, wie viel Geld zu riskieren Sie bereit sind. Wenn Sie später von Ihrem Ersparten leben müssen, weil Sie Ihren Beruf beispielsweise aus gesundheitlichen Gründen nicht mehr ausüben können, sollte Ihre Risikotoleranz wesentlich geringer sein. Wenn Sie jedoch gerade erst am Anfang Ihres Berufslebens stehen und abzusehen ist, dass Sie noch einige Jahre ausreichend verdienen, können Sie durchaus höhere Risiken eingehen. Die Steuerung des Risikos erfolgt über die Aufteilung der Vermögenswerte innerhalb des Portfolios.

10.9 Volatilität

Ein wichtiger Faktor, den Sie bei Ihrer Strategie auch berücksichtigen sollten, ist ebenso individuell. Es geht um die Volatilität Ihres Portfolios, also die Wertschwankungen. Es gibt Menschen, die können nicht mehr ruhig schlafen, wenn der Wert ihres Portfolios sich auch einmal um einige Prozente verringert, während andere das etwas gelassener sehen. Dies hängt auch wieder von Ihrer persönlichen Lebenssituation ab. Wenn Sie erst 25 sind und 30% Ihres Portfolios verlieren, ist das eine ganz andere Erfahrung als wenn Ihnen das Gleiche mit 55 passiert, wenn Sie eigentlich vielleicht gerade in den Ruhestand gehen wollten und der Wert Ihres Portfolios vermutlich auch wesentlich höher ist.

Als Einsteiger, der gerade erst seine ersten Investments vornimmt, sollten Sie die ersten ein bis zwei Jahre eine niedrige Volatilität anstreben. Im schlimmsten Fall verzichten Sie auf ein paar Prozentpunkte an

Rendite. Wenn Sie zu riskant investieren und bereits zu Beginn Ihrer Investorenkarriere herbe Rückschläge hinnehmen müssen, kann dies schon zu einigen schlaflosen Nächten und im schlimmsten Fall zum Ende Ihres Portfolios führen. Ebenso sollten Sie die Volatilität mit steigendem Alter möglichst reduzieren.

10.10 Anlagezeitraum des Investments

Dies ist für alle Überlegungen ebenfalls ein sehr wichtiges Kriterium. Wenn Sie beispielsweise auf den Ruhestand sparen, haben Sie in der Regel einen wesentlich längeren Anlagezeitraum und können Schwankungen weitaus gelassener sehen. Wenn Sie jedoch planen, in fünf bis zehn Jahren eine Immobilie zu erwerben, und zu diesem Zeitpunkt gerade ein historischer Tiefstand der Aktienmärkte ist, sollten Sie derartige Möglichkeiten in Erwägung ziehen. Immer wenn es nicht auf einige Jahre mehr oder weniger ankommt, können Sie risikoreichere Vermögenswerte im Portfolio höher gewichten. Wenn Sie das Geld als Absicherung oder für einen bestimmten Zeitpunkt zum Konsum benötigen, sollten Sie den Anteil wertstabiler Investments entsprechend erhöhen.

10.11 Kostenminimierung

Die Minimierung der Kosten Ihres Portfolios ist eines der Hauptprinzipien der passiven Anlagestrategie. An anderer Stelle im Buch wurde ja bereits erwähnt, dass es statistisch nicht mehr als Zufall ist vorherzusagen, ob ein aktiv gemanagter Fonds, der bisher eine gute Rendite erzielt hat, dieses in der Zukunft wieder tun wird. Was sich jedoch aus der SPIVA-Studie sicher ablesen lässt ist, dass die Fonds, welche die höchsten Gebühren verlangen, häufiger zu den Fonds mit der schlechtesten Rendite von allen zählen.

Dies ist insofern eine gute Nachricht, als dass Sie die meisten Kosten im Vorfeld kennen und im Gegensatz zu der möglichen Rendite auch steuern können. Ihr wichtigstes Kriterium bei der Auswahl Ihrer Vermögenswerte und Fonds ist also, die Fixkosten so niedrig wie möglich zu halten. Vermeiden Sie Ausgabeaufschläge, Managementgebühren und Transaktionskosten, indem Sie so wenig wie möglich handeln und auf passive börsengehandelte Indexfonds setzen.

Selbst 1,5% Gebührenunterschied können über die Jahre gesehen einen enormen Unterschied ausmachen. Wenn Sie 50.000 Euro einmalig für 10 Jahre investieren, hätten Sie bei 5% jährlicher Rendite ungefähr 81.444 Euro und nach 30 Jahren wären es bereits ungefähr 216.097 Euro. Wenn Sie jetzt durch häufiges Handeln oder einen aktiv gemanagten Fonds 1,5% Gebühren ansetzen, reduziert die reale Rendite sich auf nur noch 3,5%. Nach 10 Jahren wären es dann nur noch ungefähr 70.529 Euro und nach 30 Jahren ungefähr 140.339 Euro. Sie sehen also den Unterschied, den Gebühren über einen so langen Zeitraum ausmachen können. Dazu sei noch gesagt, dass die Transaktionsgebühren vieler privater aktiver Händler deutlich über diesen 1,5% liegen und dass diese stark vereinfachte Rechnung die erhöhten Ausgabeaufschläge nicht berücksichtigt, welche aufgrund des Zinseszinseffektes eine besonders negative Auswirkung auf die Rendite haben.

10.12 Diversifikation

Diversifikation ist das zweite wichtige Grundprinzip der passiven Anlagestrategie. Diversifikation bezeichnet die Verteilung der Vermögenswerte über möglichst verschiedene und voneinander unabhängige Vermögenswerte, um das Risiko zu minimieren. Diversifikation ist somit das Gegenteil von Konzentration. Wenn Sie all Ihr Kapital auf eine einzige Aktie setzen, wäre das sehr konzentriert und dementsprechend riskant.

Diversifikation ist eines der wichtigsten Werkzeuge für die Zusammenstellung eines guten Portfolios und der Schlüssel für eine relativ konstante Rendite. Ein häufiger Fehler von Privatanlegern ist es, die Diversifikation nur innerhalb einer Klasse von Vermögenswerten vorzunehmen. Selbst wenn Sie 100 verschiedene Standardaktien besitzen, reduziert sich der Wert eines Portfolios bei einem Börsen-Crash drastisch. Wenn Sie jedoch beispielsweise Standardaktien, Gold, Nebenwertaktien, Aktien aus Schwellenländern, Rohstoffe und Immobilien als Vermögenswerte in Ihrem Portfolio besitzen und es plötzlich zu einem Crash an der Börse in Europa kommt, können Sie fast sicher sein, dass der Wert Ihrer Immobilien und des Goldes steigen wird und ebenfalls die Schwellenländer beispielsweise weniger davon betroffen sind. Sie haben also durch die Aufteilung der Vermögenswerte nicht nur das Risiko reduziert, sondern sorgen indirekt auch wieder für einen Ausgleich möglicher Verluste.

Innerhalb einer Klasse von Vermögenswerten ist dies nicht möglich, da es globale Risiken gibt, die Sie nie ausschließen können und die den gesamten Markt eines Vermögenswertes betreffen. Nehmen Sie beispielsweise den Bereich Immobilien. Ein Immobilienfonds, der gut in dem Bereich diversifiziert ist und verschiedenste Häuser an verschiedenen Standorten besitzt, reduziert das Risiko, dass ein einzelnes Haus mangelhaft ist oder durch eine Naturkatastrophe zerstört wird. Er reduziert ebenfalls das Risiko, dass mehrere Häuser an einem Standort an Wert verlieren, weil beispielsweise ein wichtiger regionaler Arbeitgeber wegfällt oder eine Schnellstraße direkt vor der Haustür gebaut wird. Wenn jedoch jetzt Forschungen herausfinden, dass ein weit verbreitetes Baumaterial gesundheitsschädlich ist, würde dies alle Immobilien des Fonds auf einmal betreffen und ebenso die Immobilien anderer Fonds. Deshalb ist eine Diversifizierung innerhalb einer Klasse von Vermögenswerten nicht ausreichend.

Aber auch über verschiedene Vermögenswerte kann das Risiko nicht komplett vermieden werden. Dies liegt an der Korrelation zwischen den einzelnen Vermögenswerten, die in der global vernetzten Weltwirtschaft alle mehr oder weniger voneinander abhängig sind. Es gibt praktisch keine völlig voneinander unabhängigen Vermögenswerte.

Der sprichwörtliche Sack Reis, der in China umfällt, kann den Rohstoffpreis für Reis erhöhen. Dies wirkt sich auf die Aktienkurse von reisverarbeitenden Lebensmittelherstellern aus. Durch die gestiegenen Lebensmittelpreise wiederum verzichten Konsumenten auf Luxusgüter wie Autos und der Stahlpreis sinkt. Die deutsche Wirtschaft mit einer sehr starken Automobilindustrie erfährt Verluste, da auch sämtliche Zulieferer betroffen sind. Da weniger getankt wird, sinkt vielleicht auch der Ölpreis und Länder die vom Ölexport profitieren können weniger absetzen, was natürlich auch die Währungskurse der entsprechenden Länder beeinflusst. Sicher das Beispiel ist finanzbranchenüblich etwas dramatisiert, aber das Prinzip sollte klar sein, alles hängt mit allem zusammen.

Gute Diversifikation versucht jetzt, die Vermögenswerte zu finden, die möglichst unabhängig voneinander sind, und verteilt Ihr Portfolio auf diese abhängig von Ihrer Risikotoleranz.

Ein häufig genanntes Argument gegen Diversifikation ist, dass bestimmten Branchen ein höheres Wachstumspotential zugesprochen wird. Elektroautos, Solarbranche, Internettechnologien usw. Dieses Wachstumspotential führt dazu, dass viele Anleger diese Branchen verstärkt in ihr Portfolio aufnehmen. Dies wirkt sich jedoch in der Regel nicht positiv auf Ihre Rendite aus, da dieses Wachstumspotential in den Kursen bereits eingepreist ist. Sie bezahlen also beim Kauf bereits für dieses Potential mit und erhöhen automatisch Ihr Risiko. Dass ein höheres Risiko kurzfristig auch zu einer höheren Rendite führen kann, wurde ja bereits erläutert, aber genau dieses Risiko soll ja möglichst gering gehalten werden.

Achten Sie deshalb darauf, immer möglichst breit und gleichverteilt zu diversifizieren. Diversifikation kann außer durch die verschiedenen Vermögenswerte auch anhand von Regionen erfolgen. Zwischen 20% und 60% Ihres Portfolios sollten Sie auch international investieren. Dies reduziert die Risiken, zu sehr von lokalen wirtschaftlichen Schwankungen abhängig zu sein.

Internationale Investitionen, beispielsweise in den US-Markt, führen jedoch auch ein neues Risiko ein, das Währungsrisiko. Wenn Ihre Aktien im US-Markt um 8% im Jahr gestiegen sind, gleichzeitig aber der Wert des Euro in diesem Zeitraum um 3% gegenüber dem

US-Dollar gefallen ist, reduziert das Ihre Rendite bereits auf 5%. Auf einen langen Investitionszeitraum von über 5 Jahren gesehen reduzieren sich die Währungsrisiken jedoch stark, so dass Sie hier keine weiteren Maßnahmen ergreifen müssen. Durch die globale Diversifikation in verschiedenste Länder und Währungen gleichen Sie dieses Risiko weitestgehend wieder aus.

10.13 Umverteilung des Portfolios

Wenn Sie einmalig Ihre Vermögenswerte wie im nachfolgenden Kapitel erläutert aufgeteilt haben, sollten Sie regelmäßig prüfen, ob die Verteilung sich verändert hat und gegebenenfalls Anpassungen vornehmen. Regelmäßig meint hier alle 6–12 Monate, also hier entsteht kein großer Zeitaufwand. Dieser Prozess wird auch Rebalancing genannt.

Wenn beispielsweise Ihr Anteil an Aktieninvestments einen Wertzuwachs von 30% erzielt hat, wohingegen Ihr Investment in risikoarme Staatsanleihen lediglich um 1% gewachsen ist, dann ist der Aktienanteil Ihres Portfolios dementsprechend größer geworden und das Risiko des Gesamtportfolios hat sich ebenfalls erhöht. Sie könnten jetzt einige dieser Aktien verkaufen und in weniger risikoreiche Investments investieren, um auf Ihr ursprüngliches Risikoniveau zurückzukehren. Meist widerspricht es unserer Intuition, gut laufende Aktieninvestments zu verkaufen und in scheinbar schlechtere Investments zu investieren.

Aber bedenken Sie, dass es immer um das gesamte Portfolio und Ihre gesamte Risikotoleranz geht. Durch den höheren Aktienanteil beispielsweise und das höhere Risiko können Sie auch wesentlich mehr wieder verlieren.

Die Volatilität Ihres Portfolios wird sich durch die Umverteilung also ebenfalls reduzieren. Die Verteilung der Vermögenswerte muss jedoch auch nicht immer zu 100% exakt stimmen, es geht hier um Richtwerte. Deshalb ist auch der Abstand von 6–12 Monaten je nach Investment vollkommen ausreichend. Ein zweiter möglicher Grund für das Umverteilen der Vermögenswerte ist, wenn sich Ihre Risikotoleranz ändert. Langfristig können Sie mit steigendem Alter das Risiko reduzieren, um kurz vor dem Ruhestand keine bösen Überraschungen zu erleben.

Eine gute Methode, um die Umverteilung ohne zusätzliche Transaktionskosten durchzuführen, ist, wenn Sie neu angesparte Geldmittel so investieren, dass Sie die ursprüngliche Verteilung wieder erreichen.

10.14 Von Risikofaktoren profitieren

Im Abschnitt über Aktien wurde ja bereits erwähnt, dass es verschiedene Risikofaktoren gibt, die sich positiv auf die Rendite auswirken. Einige davon waren Größe, politische Risiken, Value oder Momentum. Durch die Auswahl entsprechender ETFs können Sie von den Faktorprämien profitieren, auch ohne einzelne Aktien zu kaufen. Wenn Sie beispielsweise in einen ETF investieren, welcher den MSCI Emerging-Markets abbildet, profitieren Sie von der höheren Rendite, tragen aber auch größere Politik- und Währungsrisiken. Genauso gibt es den MSCI Small Caps, welcher Nebenwertaktien enthält und es Ihnen somit ermöglicht, vom Risikofaktor „Größe“ zu profitieren. Analog dazu gibt es für die anderen Risikofaktoren ebenfalls entsprechende Indizes, die den Namen des Risikofaktors meist im Namen enthalten.

11 | Aufteilung des Portfolios

Sie haben jetzt bereits erfahren, was ein Portfolio ist, was Vermögenswerte sind und dass sich Ihr Portfolio aus diesen Vermögenswerten zusammensetzt. Um das Investieren so einfach und so diversifiziert wie möglich zu machen, setzen Sie nicht auf einzelne Vermögenswerte oder Einzelaktien, sondern auf börsengehandelte Indexfonds, die möglichst breit aufgestellt sind.

Die Frage ist jetzt, zu welchen Anteilen Ihre Vermögenswerte im Portfolio enthalten sein sollten. Die Verteilung der Vermögenswerte ist langfristig für die Performance viel ausschlaggebender als der perfekte Kaufzeitpunkt oder die Auswahl einzelner Vermögenswerte. Bei der Aufteilung der Vermögenswerte, auch Asset-Allokation genannt, geht es also darum, die Rendite Ihres Gesamtportfolios zu optimieren unter Berücksichtigung Ihrer persönlichen Risikobereitschaft.

Dazu gibt es grundsätzlich einen risikoarmen Anteil, der besteht dann beispielsweise aus den kurzfristigen Staatsanleihen oder Tagesgeldguthaben, und einem renditebringenden Anteil, der für die höhere Rendite zuständig ist und überwiegend aus Aktieninvestments besteht.

Abhängig von Ihrer persönlichen Risikotoleranz verschiebt sich die prozentuale Gewichtung dieser beiden Anteile. In jungen Jahren sind 20% risikoarme Vermögenswerte noch ein guter Wert, kurz vor dem Ruhestand kann dieser Anteil auch auf 80% wachsen.

Unterhalb dieser beiden Anteile gibt es dann die verschiedenen nachfolgenden Investmentmöglichkeiten. Abhängig davon, wie komplex Sie Ihr Portfolio gestalten wollen und welche Summen Sie investieren möchten, können Sie alle berücksichtigen oder aber konzentrieren sich nur auf einige von ihnen. In der Regel ist es erst bei größeren Vermögen über 100.000 Euro sinnvoll, alle Kategorien zu berücksichtigen. Bei kleineren Vermögen können sonst die Transaktionskosten, die bei der Verteilung der Vermögenswerte anfallen, bereits die Rendite deutlich reduzieren.

Bevor es an konkrete Beispiel-Portfolios geht, zunächst einmal die wichtigsten Klassen von Vermögenswerten, unterteilt in risikoarm und renditebringend und wie Sie in diese investieren können.

11.1 Der risikoarme Anteil des Portfolios

Der risikoarme Anteil Ihres Portfolios dient der Reduzierung des Gesamtrisikos. Es wird in Vermögenswerte mit sehr geringem Risiko investiert, die jedoch auch keine nennenswerte Rendite erzielen. Risikoarm bedeutet realistische Renditen von 0%–maximal 2%. Alles darüber ist nicht mehr risikoarm, egal, was Ihnen Berater oder Werbungen versprechen.

Ein weiterer Vorteil des risikoarmen Anteils Ihres Port

folios ist die kurzfristige Verfügbarkeit. Sie haben auf diese Weise nach einer Krise liquide Mittel zur Verfügung, um von kurzfristigen Anstiegen zu profitieren. Nach einer Krise oder einem größeren Kursrutsch kann es also durchaus sinnvoll sein, einen Teil der Barmittel in renditestärkere Vermögenswerte umzuschichten, jeweils abhängig von Ihrer persönlichen Risikotoleranz.

11.1.1 Tagesgeld

Trotz der aktuell niedrigen Zinsen ist das Tagesgeld aufgrund der Flexibilität und Sicherheit derzeit das beste Mittel, um den risikoarmen Teil des Portfolios abzudecken. Tagesgeldkonten gibt es viele, die sich im Wesentlichen nur durch den Zinssatz unterscheiden. Hier können Sie also bei Ihrer Hausbank bleiben oder online ein entsprechendes Angebot heraussuchen. Aufgrund der aktuell historisch niedrigen Zinsen von Staatsanleihen kann es auch derzeit (Stand: 2017) sinnvoll sein, 100% Ihres risikoarmen Portfolioanteils in Tagesgeld zu investieren.

11.1.2 Kurzfristige Staatsanleihen

Kurzfristige Staatsanleihen haben zwar eine sehr geringe Rendite, aber ihr Nutzen liegt auch nicht in der Rendite, sondern in der Reduzierung des Risikos. Außerdem ist immer die Rendite des Gesamtportfolios entscheidend und nicht die Rendite einzelner Anlagen. In Zeiten wie der Finanzkrise 2008 haben Aktien oder der DAX bis zu 40% verloren, während im selben Zeitraum die kurzfristigen Staatsanleihen sogar eine minimal positive Rendite erzielen konnten. Wie hoch der Anteil von kurzfristigen Staatsanleihen und Barmitteln im Portfolio ist, hängt stark von Risikotoleranz und gewünschter Volatilität ab. Zwischen 5% und 80% sind sinnvoll. Konzentrieren Sie sich dabei jedoch nur auf Staaten mit einer Top-Bonität wie Deutschland, Frankreich, Schweiz, USA, Kanada, Australien, Schweden, Norwegen, Finnland und weitere. Der einfachste Weg, um in Staatsanleihen zu investieren, geht dabei wieder über einen ETF oder aber Sie gehen zu Ihrer Hausbank.

11.1.3 Festgeld

Festgeld ist eine Form der Anlage, bei der Sie Ihrer Bank das Geld für einen festen vorher definierten Zeitraum zur Verfügung stellen. Durch die feste Laufzeit erhöht sich der Zinssatz leicht gegenüber dem Tagesgeld, aber die Anlage ist dementsprechend unflexibel. Die vorzeitige Kündigung von Festgeld ist oftmals mit Nachteilen wie Gebühren oder Entfall der Zinszahlung verbunden. Sie sollten sich also vorher genau überlegen, ob die geringfügig höheren Zinsen diese Nachteile rechtfertigen. In der Regel ist das Tagesgeld die bessere Wahl.

11.2 Der renditebringende Anteil des Portfolios

Während der risikoarme Anteil des Portfolios lediglich der Sicherheit und der Reduzierung des Risikos dient, sorgt der renditebringende Anteil für die Vermehrung Ihres Vermögens. Realistische Renditen liegen hier langfristig bei 5%–10% pro Jahr. Alles darüber hinaus unterliegt eher dem Glück oder hohen Risiken.

11.2.1 Aktien entwickelter Länder

Die Aktien entwickelter Länder umfassen Aktien von den größten Industriestaaten wie den USA, den Euro-Staaten und weiteren. Diese Aktien bringen bei moderatem Risiko relativ gute Renditen und stellen somit einen wichtigen Grundpfeiler Ihres Portfolios dar. Sie können beispielsweise in diese Aktienklasse investieren, indem Sie ETFs auf den MSCI World Index erwerben. Wenn Sie bestimmte Regionen anders gewichten wollen, beispielsweise den Anteil der europäischen Aktien, erwerben Sie zusätzlich einen ETF auf MSCI Europe. Diese Indizes enthalten die nach Marktkapitalisierung größten Unternehmen, also liegt der Fokus auf Standardwerten und teilweise noch Mid Caps.

11.2.2 Nebenwertaktien

Um von dem Risikofaktor „Größe" zu profitieren, können Sie neben den Standardwerten der entwickelten Länder auch einen Anteil in die Nebenwerte investieren. Die meisten Privatanleger konzentrieren sich auf die großen Unternehmen, die im DAX oder dem Dow Jones gelistet sind, und vergessen dabei völlig die sogenannten Nebenwerte, also kleinere ebenfalls börsengehandelte Firmen. Diese erzielen jedoch bei moderat höherem Risiko oftmals eine bessere Rendite und sollten daher ebenfalls in keinem Portfolio fehlen. Das Investment erfolgt über einen Index wie den MSCI World Small Caps. Es kann sich bei moderatem Risiko positiv auf die Rendite auswirken, wenn Sie 10–50%, je nach Risikotoleranz, Ihres Anteils an Aktien entwickelter Länder in so einen Small Caps Index investieren.

11.2.3 Emerging-Markets

Als Emerging-Markets (englisch für „aufstrebender Markt") oder auch Schwellenländer werden Länder bezeichnet, deren Markt besonders schnell wächst. Zu diesen Ländern zählen große Märkte wie China und Indien, aber auch kleinere osteuropäische Länder wie Bulgarien oder Rumänien. Diese Länder bieten in der Regel deutlich höhere Renditechancen, natürlich wieder verbunden mit einem erhöhten Risiko. Neben Währungsrisiken stellen in diesen Staaten auch staatliche Eingriffe in die Wirtschaft oder vergleichsweise undurchsichtige Bilanzierungs- und Buchführungspflichten ein erhöhtes Risiko dar.

Es gab Zeiten, da wurde von einem Investment in diesen Ländern aus Risikogründen komplett abgeraten, und ein paar Jahre später entwickelten sich Investments insbesondere in die BRIC-Staaten (Brasilien, Russland, Indien, China) regelrecht zum Trend. Beide Ansichten sind branchenüblich übertrieben, aber in einer soliden Diversifizierungsstrategie sollten die Emerging-Markts trotzdem nicht fehlen. Zwischen 10% und 30% Ihres Aktienanteils im Portfolio können Sie abhängig von Ihrer Risikotoleranz und gewünschten Volatilität in einen entsprechenden weltweit investierenden Emerging-Markts-Indexfond wie den MSCI Emerging Markets investieren.

Neben den höheren Renditen ist die Korrelation zu den westlichen Aktienmärkten auch wesentlich geringer. Eine Krise in Europa wirkt sich meist auf alle EU-Staaten und den Euro als Hauptwährung aus, aber nicht zwangsläufig auf China oder Russland. Von daher ermöglichen diese Investments es sogar, das Gesamtrisiko des Portfolios zu reduzieren, obwohl die

Gesamtrendite erhöht wird.

11.2.4 Rohstoffe

Wie bereits im Abschnitt über Vermögenswerte erläutert können Privatanleger praktisch gesehen nur indirekt in Rohstoffe investieren, insbesondere in spezielle Rohstoff-Fonds oder Rohstoff-Indizies, welche die wichtigsten Rohstoffe in ihrer Wertentwicklung abbilden. Die Rendite war bis auf wenige Hype-Jahre jedoch sehr gering und die Schwankungen und Risiken sind relativ hoch. Im Normallfall als Einsteiger können Sie also beruhigt darauf verzichten. Wenn Sie dennoch in Rohstoffe investieren möchten, können Sie dies beispielsweise über einen ETF auf den Goldman Sachs Commodity Index (GSCI) tun. Sinnvoll wäre es, ungefähr 5–20% Ihres renditebringenden Portfolioanteils im Rohstoffbereich zu investieren.

11.2.5 Immobilien

Immobilieninvestments über REITS oder einen entsprechenden ETF können für eine bessere Diversifikation Ihres Portfolios sorgen, da sie nicht so stark mit den Aktienmärkten zusammenhängen. Während Sie bei REITS jedoch wieder in einzelne Unternehmen investieren, bieten sich auch bei Immobilieninvestments entsprechende ETFs auf global diversifizierte Indizes an, wie der MSCI World Real Estate Index. Es gibt auch noch diverse länderspezifische Indizes, jedoch ist von diesen eher abzuraten. Grundsätzlich können Sie auf Immobilien-Investments auch verzichten. Wenn Sie jedoch aus Gründen der zusätzlichen Diversifikation Ihres Portfolios diese mit aufnehmen möchten, können Sie wie bei den Rohstoffen ungefähr 5–20% Ihres renditebringenden Portfolioanteils in einen entsprechenden ETF investieren.

12 Beispiel-Portfolios

In diesem Abschnitt zeige ich Ihnen verschiedene Beispiel-Portfolios mit unterschiedlichem Risiko und unterschiedlicher Komplexität, an denen Sie sich orientieren können. Die Aufteilung erfolgt mittels Indexfonds und ETFs. Sie wählen also keine individuellen Aktien, sondern investieren in entsprechende passive börsengehandelte Indexfonds.

Auf den Webseiten-Hinweisen im Anhang finden Sie aktuelle und konkrete Produktempfehlungen, Broker oder Depotbanken im Vergleich. Im Buch sind aus Aktualitätsgründen keine konkreten Produkte enthalten. Aber anhand der beispielhaften Vermögensverteilungen und der Liste der Indizes sollte es auch mit eigener Recherche möglich sein, konkrete Produkte zu finden.

Es gibt hier auch kein einziges richtiges Produkt für alle oder einen besten Anbieter. Viel wichtiger als das konkrete Produkt oder der Anbieter ist, dass Sie die im Buch genannten Kriterien wie Kostenminimierung beherzigen.

Ein Hinweis zu den Prozentangaben noch: Dies sind Richtwerte, Investieren ist keine exakte Wissenschaft, Sie müssen sich also nicht genau an Vorgaben halten. Die Beispiele zeigen lediglich, wie sich die Verteilung auf das Risiko und die mögliche Rendite auswirken.

12.1 Das einfachste Portfolio für Einsteiger

Eine sehr einfache Version eines Portfolios, welches aber kaum Renditeeinbußen hat, besteht aus 70% investiert in einen ETF auf einen weltweiten Aktienindex wie dem MSCI All Country World Index (ACWI) für den renditebringenden Portfolioanteil und 30% Tagesgeld bzw. kurzfristige Staatsanleihen für den risikoarmen Anteil des Portfolios.

Mit wenig Aufwand und Recherche können Sie so ein global diversifiziertes Portfolio erreichen, dessen Risiko Sie über die prozentuale Verteilung der Barmittel/Staatsanleihen einfach anpassen können. Dieses Portfolio eignet sich besonders, um Transaktionsgebühren zu sparen, Komplexität zu vermeiden und für geringere Vermögen. Als Einsteiger empfiehlt es sich, immer mit dieser einfachen Version zu beginnen und später eventuell weiter diversifizieren bzw. das Risiko anpassen.

Es gibt diverse Anbieter, die für den ACWI sparplanfähige ETFs anbieten. Sie können also einfach zwei Daueraufträge einrichten. Der eine überweist einen Betrag auf den ETF-Sparplan und der zweite einen Betrag auf ein Tagesgeldkonto.

12.2 Niedriges Risiko

Um ein möglichst niedriges Risiko zu erzielen, investieren Sie 80% Ihres Vermögens in risikoarme Investments wie kurzfristige Staatsanleihen oder Tagesgelder. Die übrigen 20% des Gesamtportfolios investieren Sie wie folgt in ETFs: Aktien entwickelter Länder ungefähr 60%. Aktien von Schwellenländern ungefähr 20% und dann können Sie zur zusätzlichen Diversifikation noch ungefähr 10% jeweils in Immobilien- und Rohstoffaktien investieren.

Die zu erwartende Rendite dieses Portfolios ist relativ gering, aber dafür sind Sie risikoarm aufgestellt. Diese Verteilung eignet sich besonders für Anleger mit einer geringen Risikotoleranz, die eine niedrige Volatilität ihres Portfolios wünschen. Den Immobilien- und Rohstoffanteil können Sie auch jeweils weglassen und dementsprechend die Aktienanteile um jeweils 10% erhöhen.

12.3 Mittleres Risiko

Beim Portfolio mit mittlerem Risiko ändern sich die Verteilungswerte. Lediglich 30% Ihres Vermögens investieren Sie in den risikoarmen Anteil Ihres Portfolios und die übrigen 70% investieren Sie wie folgt in ETFs: Aktien entwickelter Länder ungefähr 50%. Aktien von Schwellenländern ungefähr 30% und den Anteil von Rohstoff- und Immobilienaktien haben Sie bei jeweils 10%.

Die zu erwartende Rendite dieses Portfolios liegt schon höher als die der ersten Variante und sollte trotz überschaubarem Risiko durchaus in der Lage sein, den DAX langfristig zu schlagen. Auch hier können Sie wieder den Rohstoff- und Immobilienanteil weglassen und die Aktienanteile entsprechend erhöhen.

12.4 Hohes Risiko

Beim Portfolio mit hohem Risiko reduzieren Sie den risikoarmen Teil des Portfolios weiter auf nur noch 10% und investieren die übrigen 90% in den renditebringenden Anteil. Diese 90% teilen sich weiter auf in ungefähr 50% Aktien von entwickelten Ländern, ungefähr 40% Aktien von Schwellenländern und jeweils 5% in Rohstoffe und Immobilien. Wenn Sie das Risiko weiter erhöhen möchten, können Sie auch die Frontier-Markets mit einem kleinen Anteil ergänzen und analog zu den anderen Portfoliovarianten den Rohstoff- und Immobilienanteil zugunsten einer Erhöhung des Aktienanteils weglassen.

13 | Wie Sie einen ETF/Indexfonds auswählen und kaufen

Nachdem Sie die Buy-and-Hold-Strategie kennengelernt haben und die Aufteilung Ihres Portfolios festgelegt haben, kommen wir jetzt zum letzten Schritt auf dem Weg zu Ihrem Portfolio – dem Kauf der entsprechenden ETFs. Die Auswahl des richtigen ETFs ist bei mittlerweile über 1.000 Angeboten allein an der Frankfurter Börse kein leichtes Unterfangen. Die meisten ETFs werben zunächst mit der historischen Performance, aber dies wäre ein typischer Anfängerfehler, wenn Sie sich nur daran orientieren würden. Historische Wertentwicklungen sind keine Garantie für künftige Ergebnisse, ein Warnhinweis, der viel zu oft ignoriert wird, obwohl er in den meisten dieser Werbungen sogar enthalten ist.

Im nachfolgenden Abschnitt lernen Sie einige wichtige Punkte kennen, die bei der Umsetzung der Beispiel-Portfolios mit konkreten Produkten zu beachten sind.

13.1 Wichtige Kennzahlen beim Kauf eines ETF

13.1.1 Gesamtkostenquote (TER - Total Expensen Ratio)

Die Gesamtkostenquote gibt alle vorher bekannten Kosten eines ETFs an, die der Anbieter an Gebühren verlangt, um den Index nachzubilden. Auch wenn dieser Wert Gesamtkostenquote heißt, sind trotzdem nicht alle Kosten berücksichtigt. Es fehlen eventuelle Maklerprovisionen, teilweise Transaktionskosten, Steuern und bei swappenden ETFs die Swap-Kosten. Wählen Sie also einen ETF mit einer möglichst niedrigen Gesamtkostenquote. Diese ist in der Regel im Angebot deutlich erkennbar.

Bedenken Sie jedoch auch, dass die unterschiedlichen Replikationsmethoden von ETFs einen wichtigen Einfluss auf die TER haben. Ein physisch replizierender ETF, welcher die echten Aktien des Index kauft, hat dadurch höhere Transaktionskosten, die in der TER berücksichtigt sind, während ein swappender ETF diese Transaktionskosten an der Stelle nicht hat, aber durch die Swap-Kosten wiederum an anderer Stelle zusätzliche Gebühren anfallen. Vergleichen Sie also nur ETFs einer Art anhand der TER.

13.1.2 Tracking-Differenz

Die Tracking-Differenz gibt die wirklichen Gesamtkosten für einen ETF an. Diese Kennzahl berücksichtigt neben den Fixkosten aus der TER ebenfalls die variablen Kosten wie Steuern oder auch variable Gewinne aus der Wertpapierleihe. Die Tracking-Differenz lässt sich jedoch immer nur rückwirkend berechnen. Viele Anbieter geben daher neben der historischen Tracking-Differenz auch zusätzlich die erwartete Tracking-Differenz an. Sie können sich anhand dieser Kennzahl den besten Überblick über die wirkliche Performance eines ETFs verschaffen. Für den ETF-Kauf ist dies die wichtigste Kennzahl. Achten Sie auf eine möglichst niedrige Tracking-Differenz, um die Kosten so gering wie möglich zu halten.

13.2 Gibt es den perfekten Kaufzeitpunkt?

Kurze Antwort: Nein. Wenn ein Vermögenswert bereits seit einer Weile gestiegen ist, kann dieser natürlich wieder fallen. Ebenso kann er, während er fällt, auch noch weiter fallen oder aber jederzeit wieder steigen. Hier spricht man von Trend und Korrektur. Nachdem der Wert sich eine Weile in eine bestimmte Richtung bewegt hat (Trend), kommt eine Bewegung in die Gegenrichtung, die auch Korrektur genannt wird.

Jetzt gibt es hier Theorien von zyklischem Investment, also mit dem Trend investieren, oder aber antizyklischem Investment, also in der Korrektur kaufen und gegen den kurzfristigen Trend spekulieren. In diesem Buch geht es um mittel- bis langfristige Investments und grundsätzlich gilt: Je länger der Anlagehorizont ist, desto geringer ist die Auswirkung des Kaufzeitpunktes.

Nach einem Hoch kommt oftmals zunächst eine Korrektur. Deshalb sollten Sie kaufen, wenn andere verkauft haben. Nach Krisen und Crashs ergeben sich die besten Chancen und diese Situationen bilden eine Ausnahme. Wer 2009/2010 unmittelbar nach dem Crash investiert hat, hat bis heute den wohl größten Wertzuwachs erfahren. Wenn Sie bereits investiert sind, sind solche Momente auch gute Chancen, um nachzukaufen/Ihr Investment zu erhöhen.

Wenn Sie das Risiko eines falschen Kaufzeitpunktes weiter reduzieren wollen, empfehlen sich außerdem gestaffelte Käufe. Also anstatt einmalig Ihr gesamtes Kapital zu investieren, erhöhen Sie Ihr Investment schrittweise abhängig von der Höhe und Laufzeit des Investments. Diese Art des Kaufens wird auch zeitliche Diversifikation genannt. Wichtig ist dabei zu beachten, dass es hier nicht darum geht, den perfekten Einstiegskurs und Zeitpunkt zu finden, sondern lediglich durch das zeitlich versetzte Kaufen einen durchschnittlichen Einkaufspreis zu erreichen und Extremkurse zu vermeiden. Es ist also keine aktive Investmentstrategie. Wenn Sie beispielsweise 100.000 Euro investieren wollen, könnten Sie über ein Jahr verteilt alle drei Monate 25.000 Euro investieren. Sie investieren unabhängig von den aktuellen Kursen in genau diesem zeitlichen Intervall.

Ein guter Tipp zum Abschluss: Sie haben keinen Grund zur Eile, die Banken werden Ihr Geld auch morgen noch nehmen. Der perfekte Kaufzeitpunkt für langfristige Investments ist also, wenn Sie Geld übrig haben und sich bereit fühlen.

13.3 Das wichtigste Auswahlkriterium

Einer der wichtigsten Punkte der Strategie ist die Kostenminimierung, also sind die möglichst niedrigen Gesamtkosten bei Fonds/Indexfonds/ETFs das wichtigste Kriterium. Eine gute Gesamtkostenquote sollte nicht mehr als 0,5–0,75% des Portfoliowertes betragen. Ihr wichtigstes Auswahlkriterium bei der Wahl eines konkreten Produktes sind also immer die möglichst niedrigen Kosten, unter anderem ersichtlich aus der Tracking-Differenz.

Bei welchem Anbieter Sie letztlich den ETF oder Indexfonds kaufen, ist, von den Kosten abgesehen, ansonsten relativ egal. Alle bilden den Index entsprechend nach und die Risiken unterscheiden sich nur minimal durch die Replikationsmethode. Im Zweifelsfall nehmen Sie also immer den günstigsten seriösen Anbieter, und seriös und entsprechend abgesichert sind alle großen Banken, die den entsprechenden Finanzaufsichtsbehörden in Europa unterliegen.

13.4 Gibt es das optimale Finanzprodukt?

Auch hier leider wieder ein Nein. Optimal würde bedingen, dass jenes Produkt sowohl perfekt zu Ihnen und Ihrer individuellen Lebenssituation passt als auch zum aktuellen Finanzmarkt. Beides sind Bedingungen, die einem stetigen Wandel unterliegen, von daher wird es kein optimales oder perfektes Finanzprodukt geben. Ihr Ziel sollte es sein, ein „gut genug“ zu erreichen.

Wenn die Kosten gering sind, Sie das Produkt verstehen, Sie gut diversifiziert sind und das Risiko zu Ihnen passt, dann haben Sie das „gut genug" erreicht.

13.5 Einmalige Anlage oder Fondssparpläne?

Sollten Sie kurzfristig zu einem größeren Vermögen gekommen sein, ist die einmalige bzw. gestaffelte Anlage meist die richtige Wahl. Die meisten von uns haben jedoch ihr regelmäßiges Einkommen, von dem sie einen mehr oder weniger großen Anteil investieren können. Genau für diese Situation bieten sich die Fondssparpläne und sparplanfähige ETFs an. Bei diesen investieren Sie regelmäßig, beispielsweise jeden Monat, einen festen Betrag von 100 Euro oder mehr. Was zunächst nach relativ wenig klingt, ermöglicht es trotzdem über einen langen Zeitraum gesehen, ein gutes Finanzpolster zu schaffen. Wenn sich im Laufe Ihres Berufslebens dann das Einkommen erhöht, können Sie den Investmentbetrag ebenfalls prozentual erhöhen. Wenn Sie von einer Gehaltserhöhung beispielsweise sofort 50% investieren, profitieren sowohl Ihr wachsendes Vermögen als auch Sie unmittelbar, da mehr Geld zur Verfügung steht und mehr gespart wird.

Sparpläne sind sehr einfach umzusetzen und können bei fast allen Direktbanken und Online-Brokern erworben werden. Durch die regelmäßigen Investments reduzieren Sie auch das Risiko, zu einem ungünstigen Zeitpunkt in einen Markt einzusteigen. Außerdem gewöhnen Sie sich daran, Vermögen aufzubauen und Geld zu sparen. Der einzige eventuelle Nachteil von

Fondssparplänen ist, dass die Transaktionsgebühren teilweise etwas höher sein können.

Vergleichen Sie hier also die entsprechenden Angebote und berechnen Sie die sich daraus ergebenden Gesamtkosten für Ihr Portfolio. Die Gesamtkostenquote ist hier wieder das wichtigere Kriterium im Vergleich zur Sparplanfähigkeit. Sollten Ihre Berechnungen ergeben, dass Sie zu hohe Kosten durch die monatliche Sparrate erreichen, sparen Sie den monatlichen Betrag zunächst auf einem Tagesgeldkonto und investieren dann quartalsweise oder halbjährlich. So können Sie die Transaktionskosten weiter reduzieren, was ja eines der Hauptziele der vorgestellten Strategie war.

14 Die goldenen Regeln erfolgreicher Investments

14.1 Investieren Sie nur in Produkte, die Sie verstehen

Es gibt mittlerweile tausende Finanzprodukte, Zertifikate, Versicherungen, Anleihen und etliche Kombinationsprodukte, die verschiedene Formen von Anlagen kombinieren. Grundsätzlich sollten Sie nur in Produkte investieren, die Sie auch verstehen. Außerdem ist es ein guter Rat, auf Kombinationsprodukte jeglicher Art wie Kapitallebensversicherungen, Bausparverträge und ähnliches zu verzichten. Diese sind unnötig kompliziert, teuer und untransparent in Bezug darauf, was mit Ihrem Geld wirklich passiert. Die entscheidende Frage ist oftmals, wem diese komplizierten Finanzprodukte einen Nutzen bringen. Meist dienen diese nur dazu, Risiken oder Gebühren zu verschleiern. Sie nützen also der Finanzbranche und den Verkäufern mehr als Ihnen und Ihrem Vermögen.

14.2 Vertrauen Sie Ihrer gewählten Strategie

Wenn Sie den Inhalten aus diesem Buch gefolgt sind, haben Sie ein Portfolio, welches Ihrer Risikotoleranz entspricht und entsprechend diversifiziert ist. Sie besitzen anteilig tausende von Firmen aus der realen Wirtschaft und mit realen Gegenwerten. Die Wahrscheinlichkeit, dass die Mehrzahl von ihnen profitabel sein wird, ist sehr hoch. Also vertrauen Sie hier auf die Entwicklung des gesamten Marktes. Häufige Strategiewechsel führen einerseits zu hohen Transaktionskosten, welche die Rendite beträchtlich minimieren können, und andererseits benötigt eine Strategie auch Zeit. Ob es funktioniert, zeigt sich nicht von heute auf morgen, sondern sehen Sie nach einigen Jahren und vielleicht auch erst, wenn die eine oder andere Krise überstanden ist. Zu häufiges Wechseln gibt Ihnen gar keine Chance zu wissen, ob Ihre gewählte Strategie wirklich funktioniert.

14.3 Diversifizieren Sie Ihr Portfolio

Was Diversifikation ist, haben Sie ja erfahren. Achten Sie darauf, Ihr gesamtes Portfolio entsprechend Ihrer Risikotoleranz zu diversifizieren. Damit sind sowohl verschiedene Vermögenswerte gemeint als auch die Diversifikation innerhalb einer Klasse von Vermögenswerten. Am einfachsten ist die Diversifikation mit breit aufgestellten Indexfonds und ETFs.

14.4 Denken Sie langfristig

Wenn Sie lange genug im Aktienmarkt investiert sind, ist es auch nur eine Frage der Zeit, bis Sie das ganze Auf und Ab der Börse erlebt haben. Der Wert Ihres Portfolios wird fallen und genauso wird er wieder steigen. Einmal nur einige Prozente, aber es kann auch, ähnlich wie 2008, zu größeren Crashs kommen, bei denen Aktien bis zu 50% ihres Wertes oder mehr verlieren. Bisher hat sich die Wirtschaft jedoch immer von allen Abstürzen wieder erholt, da unser gesamtes gesellschaftliches System auch auf dieser Erholung und dem weiteren Wachstum basiert. Die Erholung des Kurses kann manchmal in wenigen Minuten erfolgen, wie beim Flash-Crash von 2010, oder aber manchmal dauert es auch mehrere Jahre, wie bei der Finanzkrise 2008, bis die alten Kurswerte erreicht sind. Deshalb ist es hier wichtig, langfristig zu denken. Zum langfristigen Denken gehört auch, keine übereilten Einstiege vorzunehmen.

Wenn Sie jetzt nach dem Lesen des Buches hochmotiviert mit dem Investieren beginnen wollen, nehmen Sie sich Zeit für die gründliche Recherche der ETFs und möglicherweise weiterer Informationsmaterialien. Gute Chancen gibt es immer wieder und es kommt auf ein paar Tage oder Wochen nicht an.

14.5 Reagieren Sie angemessen auf Kursschwankungen

Erfolgreiches Investieren setzt nicht voraus, dass Sie die wirtschaftliche Entwicklung oder eventuelle Kursstürze vorhersagen. Als erfolgreicher Investor reagieren Sie lediglich angemessen auf solche Ereignisse. Die angemessene Reaktion nach einem Kurssturz ist, entgegen dem, was die meisten tun, jedoch nicht, panisch verkaufen, sondern wenn, dann eher nachkaufen.

Warren Buffet hat hierzu einst gesagt: „Sei ängstlich, wenn andere gierig sind. Sei gierig, wenn andere ängstlich sind." Da steckt wohl viel Wahres drin. Ebenso in einer anderen Börsenweisheit, die lautet: „Wenn bei guten Nachrichten der Kurs nicht weiter steigt, sollten Sie verkaufen, und wenn bei schlechten Nachrichten der Kurs nicht weiter fällt, sollten Sie kaufen." Dies hört sich zunächst einfach an, ist jedoch in der Praxis weitaus schwieriger. Sowohl schlechte als auch gute Nachrichten werden in den Medien oftmals überbewertet und zu großen Sensationen aufgebaut. Das macht es Investoren häufig schwer, das Selbstvertrauen in ihre einmal gewählte Strategie zu behalten.

Außerdem lösen Kursverluste gerade bei Einsteigern oftmals auch Stress aus und die Sorge ist groß, dass der Kurs noch weiter fallen könnte. Um diesen Stress zu beenden, verkaufen viele Anleger oftmals zu einem falschen Zeitpunkt. Und nur, weil ein Kurs bereits gefallen ist, heißt das nicht, dass er weiter fallen wird. Auch bei Bullenmärkten, also Märkten, in denen der Kurs immer weiter zu steigen scheint, gilt es, angemessen zu reagieren. Viele Einsteiger neigen dazu, ihr Risiko anzupassen und ihr gesamtes Portfolio in Aktien zu verlagern, dies ist jedoch nur selten eine gute Entscheidung. Auf einen langfristigen Zeithorizont gesehen, werden die Aktien auch immer wieder fallen und dementsprechend wird sich, wenn Sie den falschen Zeitpunkt erwischen, Ihr Portfolio schneller reduzieren als Ihnen lieb ist. Hier gelten die gleichen Hinweise wie bei Kursstürzen, die Medien werden übertrieben reagieren, es kommt zu einer Blase und es ist nur eine Frage der Zeit, bis der Absturz folgt.

14.6 Vermeiden Sie, zu oft zu kaufen bzw. zu verkaufen

Eine der besten Börsenweisheiten dazu kommt von dem Finanzexperten André Kostolany:

„Kaufen Sie Aktien, nehmen Sie Schlaftabletten und schauen Sie die Papiere nicht mehr an. Nach vielen Jahren werden Sie sehen: Sie sind reich."

Hieraus ergibt sich eine andere Handelsempfehlung für Sie: Wählen Sie Ihre Strategie und Ihr Portfolio einmalig und ändern Sie nicht zu oft. Vermeiden Sie es auch, zu häufig zu kaufen bzw. zu verkaufen.

Nicht nur, dass Sie auf diese Weise viele Gebühren sparen, Sie sparen vor allem Stress und Nerven. Es ist auch vollkommen ausreichend, je nach Strategie, wenn Sie nur ein- bis zweimal im Jahr den Wert Ihres Portfolios überprüfen. Wenn Sie in einem Zeithorizont von mehreren Jahren investieren, sind die alltäglichen oder monatlichen Schwankungen für Sie nicht von Bedeutung. Und wenn Sie Ihr Geld nicht so langfristig anlegen können, sollten Sie es gar nicht erst in ETFs oder Indexfonds investieren. Wenn Sie Ihr Portfolio nur selten ansehen, vermeiden Sie sehr wahrscheinlich auch den häufigsten Anfänger-Fehler aus dem vorherigen Abschnitt, zum falschen Zeitpunkt zu kaufen bzw. zu verkaufen.

14.7 Ignorieren Sie die Fachpresse und Prognosen

Um gelassen mit Ihren Investments umgehen zu können und nicht möglicherweise unüberlegt zu handeln, ist es manchmal besser, die Fachpresse und jegliche Werbung mit historischen Renditen zu ignorieren.

Sehen Sie sich nicht zwanghaft Börsennachrichten, Newsletter, Zeitungen oder andere Formate an. Selbst in Nachrichten, die nichts mit Finanzen zu tun haben, sehen Sie oftmals unten das Laufband mit den aktuellen Börsenkursen und all die roten und grünen Zahlen.

Als Anleger mit langfristigen Investments kann Ihnen das fast egal sein. Kurzfristige Marktbewegungen oder Trends spielen für Sie keine Rolle. Ob eine Aktie oder ein Index heute gestiegen oder gefallen ist, hat für Ihren langfristigen Erfolg keine Auswirkung.

Nachrichten leben lediglich davon, Ihre Aufmerksamkeit zu erringen, denn das erhöht die Reichweite und somit auch die Werbeeinnahmen. Die höchste Priorität dieser Nachrichten ist es, Ihre Aufmerksamkeit mit allen Mitteln zu gewinnen und nicht Ihnen wertvolle oder relevante Informationen zu vermitteln. Sie erhöhen aber auch das Risiko, dass Sie zu falschen Handlungen verleitet werden, wenn Sie sich einer Panik anschließen und unüberlegt Teile Ihres Portfolios am Tiefpunkt verkaufen.

Das gleiche betrifft auch die meisten Experteninterviews oder täglichen Börsenanalysen. Die meisten dieser Fachartikel oder Werbungen appellieren an die Gier der Anleger, welche selten ein guter Ratgeber ist.

Bedenken Sie hierzu den Abschnitt über das Risiko, eine hohe Rendite gibt es nur, wenn das Risiko entsprechend hoch ist.

Für Sie als langfristigen Investor sind tagesaktuelle Informationen und hohe Renditeversprechungen völlig unwichtig. Aber würden Sie sich eine Sendung ansehen, in denen Ihnen jemand diese Wahrheit sagt? Jeden Tag? Oder andersherum betrachtet, würden Sie so eine Sendung/Zeitung/Prognosen machen, wenn auch nur die Hälfte der Tipps und Prognosen stimmen würden? Dann wären Sie doch schon selbst längst Multimillionär und nicht als Journalist tätig, oder?

Wenn Sie sich mal einige der klassischen Überschriften in der sogenannten Fachpresse ansehen: „Ausverkauf an Chinas Aktienbörsen geht weiter...“, „Panikverkäufe an der Börse: Neuer Tag des Grauens für Firma XYZ“, „Griechenland: Panikverkäufe am Aktienmarkt“, „Anleger flüchten aus Gold“, usw. Die ungeschönte Wahrheit ist, dass all diese Überschriften logisch betrachtet Unsinn sind. Die Börse ist ein Markt, jedem Verkauf steht ein Kauf gegenüber. Wenn also Tausende Anleger panisch Verkaufen, gibt es auf der Gegenseite, Tausende die genauso euphorisch kaufen. Lediglich die Bewertung eines Vermögenswertes hat sich geändert, was aber wenig spektakulär klingt. Andersherum gilt das genauso: Wenn Sie also das Nächste mal lesen „Aktie XYZ startet wieder durch: Der große Run hat begonnen“, bedenken Sie, dass genauso viele Verkäufer da sind.

14.8 Investieren Sie nur Geld, das Sie übrig haben

Alle Investments stellen immer auch ein Risiko dar. Selbst mit guter Diversifikation und einer soliden risikoarmen Strategie bleibt ein Restrisiko eines Verlustes immer bestehen. Investieren Sie in den renditebringenden Anteil Ihres Portfolios also immer nur Geld, dessen Verlust Sie nicht ruinieren wird, und außerdem nur, wenn Sie auch eine Weile ohne das Geld auskommen, insbesondere bei längerfristigen Investments, wie sie hier im Buch vorgestellt werden.

Dazu gehört auch, dass Sie zuerst immer eventuelle Schulden und Kredite begleichen sollten. Das lässt Sie nicht nur ruhiger schlafen, sondern Sie sparen auch anfällige Zinsen, die insbesondere bei kurzfristigen Krediten unangemessen hoch sind.

14.9 Beachten Sie die Nebenkosten Ihrer Investments

Bei fast allen Investments fallen Transaktionsgebühren, Beratungskosten, Vertriebskosten, Steuern und sonstige Gebühren an. Diese summieren sich und können einen Großteil Ihrer Gewinne wieder zunichtemachen. Beachten Sie deshalb im Vorfeld bereits alle möglichen Kosten. Versuchen Sie, so wenig wie möglich zu handeln, um Transaktionsgebühren zu sparen, und achten Sie beim Fonds-Investment auf die Gebührenstruktur. Während Sie viele Faktoren wie das Risiko oder die Rendite nicht beeinflussen können, sind die Kosten weitestgehend transparent und einer der wenigen Faktoren, auf die Sie unmittelbar Einfluss haben.

15 Der Fahrplan zum passiven Investor

In diesem kurzen Abschnitt zum Abschluss des Buches, werden nochmals die wichtigsten Schritte beim Aufbau Ihres Portfolios zusammengefasst.

15.1 Finanzielle Notreserve aufbauen

Beginnen Sie Ihre Investorenkarriere mit einem finanziellen Notpolster für schlechte Zeiten. Dieses sollte abhängig von Ihrem Lebensstil ca. dem 6-12-Fachen Ihres monatlichen Bedarfs entsprechen. Sparen Sie also zunächst solange, bis Sie diese Summe zusammenhaben.

15.2 Risiko klären

Dies ist ein sehr individueller Teil. Im Abschnitt über Risiko und Rendite haben Sie erfahren, dass Rendite und Risiko immer zusammenhängen. Im Abschnitt über die Strategie haben Sie gelesen, dass Ihr Portfolio sich immer aus einem risikoarmen Teil für die Sicherheit und einem renditebringenden Anteil für die Rendite zusammensetzt. Welche Finanzprodukte dafür in Frage kommen, steht dann im Abschnitt über die Beispielportfolios und deren Aufteilung. Jetzt ist es an Ihnen, Ihr persönliches Risiko zu definieren und eine dementsprechende prozentuale Aufteilung Ihres Portfolios vorzunehmen. Es gibt hier kein richtig oder falsch, es muss lediglich zu Ihnen passen.

15.3 Aufbau eines risikoarmen Portfolioteils

Investieren Sie den risikoarmen Teil Ihres Portfolios in entsprechende Tagesgelder, Festgelder oder kurzfristige Staatsanleihen.

15.4 Aufbau des renditebringenden Portfolioteils

Entscheiden Sie sich für die Aufteilung des renditebringenden Anteils Ihres Portfolios, suchen Sie entsprechende Indizes und ETF-Produkte heraus und kaufen Sie diese.

15.5 Abwarten

Nach diesen vier Schritten haben Sie Ihre Arbeit bereits getan. Den Rest werden die Märkte für Sie erledigen. Wenn neue Investments anstehen oder sich die

Verteilung der Vermögenswerte stark geändert hat, führen Sie eine Umverteilung der Vermögenswerte durch.

16 Internet-Seiten zum Thema

Zur Auswahl aktueller ETFs und zum kostenlosen weiterlesen im Internet sind die folgenden Webseiten empfehlenswert.

https://www.justetf.com

https://www.finanzwesir.com/

https://finanzrocker.net/

https://zendepot.de/

https://investment-ratgeber.com/

Ihr Feedback ist willkommen

Als Autor dieses Buches bin ich sehr daran interessiert, Ihr Feedback zu erhalten. Wenn Ihnen das Buch nützlich war oder noch Fragen offen sind, können Sie mich gern per E-Mail unter tvh@netgarage.org oder über die Webseite zum Buch erreichen.

Printed in Poland
by Amazon Fulfillment
Poland Sp. z o.o., Wrocław

52242580R00072